珍藏本·增订本
纪念版

汉译世界学术名著丛书

中华帝国的专制制度

〔法〕弗朗斯瓦·魁奈　著

谈敏　译

SINCE 1897
商務印書館
The Commercial Press

François Quesnay

DESPOTISM IN CHINA

Paul Anderson Company

San Antonio, Texas, 1946

本书根据美国得克萨斯州圣安东尼奥市

保罗·安德森公司1946年英译本译出

汉译世界学术名著丛书
（120 年纪念版·珍藏本）
增订本出版说明

2017 年 10 月，为纪念商务印书馆创立 120 周年，本馆推出“汉译世界学术名著丛书”（120 年纪念版·珍藏本），计七百种。近五六年来，仰赖学界同人倾力支持，订正旧译，增补新译，拓展新著，积累日多。为满足读者需要，本馆在七百种的基础上，继续推出“汉译世界学术名著丛书”（120 年纪念版·珍藏本·增订本）三百种。至此，“汉译世界学术名著丛书”累计出版已达千种。

今后，本馆将继续推进丛书的翻译出版工作，在积累单本名著的基础上陆续分辑刊行，汇印出版。为促进中外文明互鉴、推动我国学术发展，使“汉译世界学术名著丛书”这项对我国学术文化有基本建设意义的重大工程发挥更大作用，诚望海内外学术界、翻译界继续给予支持，帮助我们把这套丛书出得更好。

商务印书馆编辑部

2024 年 2 月

汉译世界学术名著丛书
（120年纪念版·珍藏本）
出版说明

2017年2月11日，商务印书馆迎来120岁的生日。120年前，商务印书馆前贤怀揣文化救国的理想，抱持"昌明教育，开启民智"的使命，立足本土，放眼寰宇，以出版为津梁，沟通中西，为中国、为世界提供最富智慧的思想文化成果。无论世事白云苍狗，潮流左右激荡，甚至战火硝烟弥漫，始终践行学术报国之志，无改初心。

逐译世界各国学术名著，即其一端。早在20世纪初年便出版《原富》《天演论》等影响至今的代表性著作，1950年代后更致力于外国哲学和社会科学经典的译介，及至1980年代，辑为"汉译世界学术名著丛书"，汇涓为流，蔚为大观。丛书自1981年开始出版，历时三十余年，迄今已推出七百种，是我国现代出版史上规模最大、最为重要的学术翻译工程。

丛书所选之书，立场观点不囿于一派，学科领域不限于一门，皆为文明开启以来，各时代、各国家、各民族的思想与文化精粹，代表着人类已经到达过的精神境界。丛书系统译介世界学术经典，引领时代思想，为本土原创学术的发展提供丰富的文化滋养，为推动中国现代学术和现代化进程做出了突出的贡献。

为纪念商务印书馆成立120周年，我们整体推出“汉译世界学术名著丛书”120年纪念版的珍藏本，寄望既利于文化积累，又便于研读查考，同时向长期支持丛书出版的译者、编者和读者致以敬意。

两甲子后的今天，商务印书馆又站在了一个新的历史时间节点上。我们不仅要铭记先辈的身影和足迹，更须让我们的步伐充满新的时代精神。这是商务人代代相传的事业，更是与国家和民族的命运始终紧密相连的事业。我们责无旁贷，必须做好我们这代人的传承与创造，让我们的努力和成果不仅凝聚成民族文化的记忆，还能成为后来人可以接续的事业。唯此，才能不负前贤，无愧来者。

商务印书馆编辑部

2017年10月

中译本序言

谈 敏

关于魁奈及其著作《中华帝国的专制制度》[①]，美国加利福尼亚大学教授刘易斯·马弗里克在他的英译本绪论中，已经作了颇为详细的介绍，不必赘述。对于中国读者来说，恐怕更为关心的是魁奈作为法国古典政治经济学的主要代表人物和重农学派的创始人，何以会对中国古代的专制制度发生兴趣，并用专论形式来阐释他的研究成果。由此又引申出一个重要问题，既然魁奈曾选择古代中国作为他的专门研究对象，那么中国传统文化对魁奈及其重农学派学说体系的形成，乃至通过魁奈而对资产阶级古典政治经济学的形成和发展，是否产生过某种影响？本文仅就这些问题说明一些情况并补充若干资料，以供对此有兴趣的读者进一步研究时参考。

一

17、18世纪，通过一批批来华传教士的媒介作用，在中国与欧

① 本书英译本书名为《中国的专制制度》，为避免引起误解，中译本改译为《中华帝国的专制制度》。

洲尤其是与法国之间，曾经出现过百余年极不寻常的以西方效法中国为其显著特征的文化交流历史。魁奈创立重农学派以及该学派的主要活动时期，正是西传的中国文化风靡欧洲的时期，而魁奈所著《中华帝国的专制制度》，则被看作是当时的经济学家“崇尚中国运动的顶峰之作”。这种独特的历史现象，不能不引起后代中外学人的注意，进而提出魁奈和重农学派学说的中国渊源这一研究课题。

起初是在19世纪末期，欧洲大陆曾出现过持续若干年的研究法国重农学派的热潮，其中一些经济学家在不同程度上提到重农学派的代表人物如魁奈与中国传统文化之间的关系问题。惟其非欲从中国文化中去考释重农主义学说的渊源，只是对这种明显的联系作表象的描述。到1896年，亨利·希格斯在他的《重农学派》一书中，又提到重农学派受到中国“特别强烈的影响”，是出于他们对中国“愚昧而野蛮的天朝政府”的推崇。[①] 这个论点与其说是揭示重农学派受中国影响的深入程度，不如说是对这种影响的鄙视和嘲弄。

20世纪初，首先是在法国学者中，开始认识到中国文化对魁奈的重农学派确实产生过一定影响。其中较有名者如维吉尔·皮诺于1907年发表“18世纪的重农学派与中国”一文，根据我们目前所掌握的资料，这是最早以标题形式强调重农学派与中国之间关系的专题论述。稍后，居斯塔夫·朗松在1909年发表“18世纪哲学精神的形成和发展——东方和远东的影响”的论文，同样突出

① H. Higgs, *The Physiocrats*, New York, 1952, p. 140.

了魁奈与重农学派曾受到来自中国的影响。同年还有“杜尔哥的中国人”一文,也是讨论重农学派的代表人物与中国之间的关系。这些论文不管其内容如何,均系探索中国文化对于魁奈和重农学派的影响这个课题的先驱之作。

在西方享有时誉的经济学说史著作中,最先正视这一影响者,当推夏尔·季德和夏尔·利斯特二人于 1909 年合作出版的法文著作《经济学说史》。这部著作公开承认法国重农学派曾从中国古代文化中吸收了若干有益思想,它还将魁奈的经济表与中国文字联系起来,并肯定重农学派在某些基本概念上仿效了中国文化传统。惜乎这些提示或寥寥数言,或仅在附录中一笔带过,均未展开论证。

在 20 世纪 20 年代,涉及本论题的著述逐渐增多,仍以法国学者的研究成果令人瞩目。仅此类法文专题论著就有《中国与法国重农主义体系》(1922 年)、《中国、重农学派与法国革命》(1929 年)等,这些论著都把中国对重农学派的影响放在突出的地位。不过,这一时期最具有代表性的著作,却是德国学者阿道夫·赖希魏因于 1923 年在柏林出版的《18 世纪中国与欧洲文化的接触》一书。此书在论述重农学派体系的思想来源时,主要依据重农学派代表人物的著作,以十几页的篇幅,来证实他们对中国古代文献一定有过密切的接触,进而断言魁奈学说的思想渊源,不是如人们所宣称的古代希腊人,而是古代中国人。这一论断确是发前人之所未发的创见。当然,该书受其论题性质的限制,主要是从一般中西文化交流的角度论及中国文化对重农学派的影响,不可能对魁奈经济学说的思想起源作专门的深入研究。

进入30年代以后，关于以魁奈为代表的法国重农学派与中国关系问题的研究，出现一个高潮，涌现出一批颇具影响的专题论著。从欧美国家来看，本时期从事此论题研究的学者，超出以往主要限于法、德学者的范围，提出一些较有质量的英文著述。如杰弗里·赫德森于1931年在伦敦出版的《欧洲与中国》一书，内设“北京的耶稣会士”一章，其中有数页谈到重农学派的学说起源问题，并确信重农学派曾深受中国文化的影响。他还指出，1789年以后，由于中国热的完全消失，绝大多数欧洲史学家都不能正确评价中国思想在18世纪对欧洲的影响，而把这一中国热仅仅视为一种赶时髦的怪诞举动，或看作一种假以中国名义而与实际的中国文化毫无联系的乌托邦幻想。① 这个批评意见对西方经济学家在考察魁奈受中国影响这一问题时所存在的思想偏见，不啻也是一个告诫。又如马里奥·埃儒迪1938年由美国哈佛大学出版的《重农学派的公正管理学说》一书，其中讨论到重农学派特别是魁奈的一些基本政治概念时，明确指出它们来源于对中国制度的研究。而这些政治概念，也与魁奈的经济观点有着密切联系，更何况在那个时代，经济学尚未从政治学或哲学中独立出来。此外值得一提的是布莱克·克拉克在上海撰成、1939年在香港出版的英文著作《东方的英格兰》。此书研究的重点是18世纪的英格兰在戏剧方面如何受到东方的影响，其中也提到法国重农学派曾吸取了孔子的某些哲学思想。

以上几本英文著作，分别从一般文化、政治、戏剧等角度，接触

① G. F. Hudson, *Europe & China*, London, 1931, p, 326.

到法国重农学派的学说起源与中国文化的关系。尽管它们对这一问题的考察，在史料的搜集和运用上尚不及前述德国学者赖希魏因高明，但它们毕竟是在一贯以鼓吹欧洲中心论著称的英语国家，显示出从欧洲以外的中国去寻找魁奈和重农学派的思想来源的变化迹象。这种值得注意的迹象，在20世纪30年代末40年代初，尤从美国经济学教授马弗里克的若干专题论著中，得到显著的印证。

马弗里克于1938年发表在美国《经济学史》杂志上的一篇论文，完全从经济学说史角度，公开提出“中国对于重农学派的影响”这一命题。他认为中国的这种影响，可能比一般估计的更强烈、更重要。接着他将魁奈和重农学派的一些基本经济观点与当时他们所接触的中国典章制度作了一个大致的对比，借以证明二者的相似之处不能单用巧合来解释，而是由于中国的直接影响所致。由此他得出一个很有意义的结论：在20世纪经济学家从法国重农学派那里继承的遗产中，仍保留有来自东方的沉淀物；因此，西方经济学家不应把研究中国的经济和社会思想看作是与西方文明毫不相干的外来物，而应认识到它们对于西方思想的发展做出了直接贡献。[①] 无独有偶，同年在巴黎也出版了一本名称相似的法文专著，题为《中国对重农主义学说的产生和发展之影响》。该书作者曾将中国经济思想与魁奈经济学说进行对比研究，指出两者在许多重要观点如自然秩序概念、农业思想、合法专制主义、经济循环

① L. A. Maverick, Chinese Influences upon the Physiocrats, *Economic History*, Vol. 3, No. 13, pp. 54 - 66.

理论等方面非常相似，同时也分析了它们在其他若干问题上的相异之处；由此证明中国经济思想对于法国重农主义体系有着不可否认的影响，而魁奈创立其理论体系，也离不开他对中国思想的钻研和综合。这部著作共 192 页，可算是经济学说史领域第一部系统考察这一论题的学术专著。

马弗里克的另一篇论文"中国与重农学派"，1940 年同样发表于《经济学史》杂志上，二者堪称姊妹篇。此文的主旨是利用各种旁证材料来说明，中国的影响作为一种外部力量，如何对重农学派尤其是对魁奈产生了间接的作用。这些观点是对前一论文的补充。此外，他还于 1942 年在有关东方研究的专门刊物上发表了"中国对于魁奈和杜尔哥的影响"一文，主要复述以上两篇论文的有关论点。

在这几篇论文研究的基础上，马弗里克于 1946 年出版了他的名作《中国：欧洲的模范》。这部著作现已成为东西方学者研究中国与法国重农学派之间关系的必备参考书。它分为两大部分，第一部分主要介绍 17、18 世纪欧洲人对于中国经济和政治的赞扬，其中分别论述 17 世纪欧洲人主张效法中国的观点，以及 18 世纪中国在欧洲所起的模范作用。有关魁奈和法国重农学派受中国影响的分析内容，大量见于这一部分。该部分的分析，在基本论点上仍沿袭前几篇论文，而在资料的引证上，较之前者大为可观。饶有兴味的是，作者为了便于读者将中国古代思想与魁奈的重农主义学说直接进行对比，特地在这一部分附录了《孟子》和徐光启《农政全书》两本书中部分内容的英译本，共计 46 页，几占这一部分 108 页的一半篇幅。该书的第二部分则用于介绍并全文转译魁奈的著作《中华帝国的专制制度》。对此，有人评价说，马弗里克的这部著作“再现了中西文化交流史上最重要的一章”。不仅如此，马弗里克的以上著述还在不同程度上引起了西方一些经济学名家的注意。如熊彼特在他的《经济分析史》中，就以马弗里克 1938 年发表的那篇论文作为例证，指出魁奈所著《中华帝国的专制制度》，“曾引起有关中国人对重农学派产生过影响的推测”[①]。此后马克·布劳格在他的《经济理论的回溯》中，更把马弗里克的《中国：欧洲的模范》一书，看作是“吸引人的研究”，以此证明亚当·斯密关于中国经济问题的新奇见解，显然是来自魁奈。[②]

在 20 世纪 30 年代，日本学术界也相继出现几部中西文化交流和经济学说史方面的著述，其中不乏论及法国重农学派和中国的关系之处。较有代表性的是后藤末雄于 1932 年出版的《支那思想的法国西渐》一书，24 年后，此书经修订，改以《中国思想的法国西渐》名称再版，由此可见它在日本学术界颇有影响。这部著作的第 4 和第 6 两篇，系专论中国思想对魁奈和杜尔哥的影响。尽管后藤氏是一个文学博士，不大注重经济思想方面的分析和考证，但他刻意求详，搜集资料极多，故对了解重农学派代表人物受中国影响的背景情况，仍提供了相当丰富的思想资料。此外，日本学者石田干之助在他的《中西文化之交流》一书中曾提出如下见解：“经济学说方面，中国思想的感化，使我们看见所谓重农学派的出现”[③]。

① J. A. Schumpeter, *History of Economic Analysis*, London, 1954, p. 224.

② M. Blaug, *Economic Theory in Retrospect*, London & New York, 1985, p. 35.

③ 〔日〕石田干之助：《中西文化之交流》，张宏英译，商务印书馆 1941 年版，第 147 页。

意谓重农学派的经济学说系来源于中国思想的影响。可是这样一个重要论断，书中所依据的仅是杜尔哥曾与两位中国青年相接触这段史实，显然过于草率。

这一时期的日人著述中，最令人注目的是泷本诚一于1931年出版的著作《欧洲经济学史》中的一个附录。这个附录的主标题是"重农学派之根本思想的探源"，其副标题赫然为"西洋近代经济学的渊源在于中国的学说"。作者在文中对于"现在的一般人，都认为近代意义的经济学是发祥于法国或苏格兰，把其重要的母家祖国的中国完全置之于不顾"，感到痛心疾首，称之为"我们东洋人的一大憾事"。[①] 他提出要从信奉自然法，重视自然的秩序；重视教育，高唱放任主义；专以农学为主，尊重农业；以综合的方法，观察学问；调和个人和国家的利害关系；发挥社会的思想等六个方面，去考察重农学派学说的中国渊源。实际上，他只粗略考察了前三项内容与中国思想的联系，后三项存而未论。由于他的分析比较浮浅，即便提出若干灼见，也疏于论证，所以他的结论难于获得人们的赞同，有的中国学者也对此表示怀疑和反对。

在中国方面，较早从20世纪20年代初起，开始出现有关考证重农学派代表人物与中国关系的零星文章。但直到30年代，才陆续有一批专题或涉及此论题的著述问世。如袁问朴于1930年发表"我们对于西洋经济思想的供献"[②]一文，认为我国的经济制度和思想，与希腊、罗马思想一样，"都是很有影响于西洋经济思想

① 〔日〕泷本诚一："重农学派之根本思想的探源"，建伯译述，载《读书杂志》第1卷，第6期。

② 袁问朴："我们对于西洋经济思想的供献"，复旦大学《商学期刊》第4号。

的，也都应同占个位置在经济思想史上的”，不过，其论据只是列举了一些重农学派对我们“格外得体”的赞扬，显得很单薄，而且语焉不详。次年，又在《北大学生月刊》上刊载了一篇摘录赖希魏因原作而成的文章“法国重农学派与中国政治经济思想之关系”。此外，在本时期国内有关东西方文化关系或经济思想史方面的其他著述中，也不乏涉足这一论题之作。其中大多数是转述或引证西方学者已有的观点和资料。对此，我国学者中也有人表示异议，如陈受颐在他的一篇英文著述中，批评赖希魏因“几乎未论及魁奈和杜尔哥的经济思想的中国来源”，故对重农学派的研究是“不完全的”。①

在这些研究的基础上，到 1936 年，出现了两部国人自撰的较有分量的著作。一部是唐庆增的《中国经济思想史》上卷，书中曾专辟一章，经过对比分析，认为中国古代经济思想在西洋各国“确曾产生有相当之影响，尤以对于法国之重农学派为最显著”，且此影响“远较罗马学说基督教思想《圣经》等为重要”，因此，治西洋经济思想史的中外学者，如只知尊视罗马学说而置中国古代经济思想于不顾，此实属“数典忘祖”。② 唐著的特点是将前人有关本论题的研究成果，条分缕析，概括为更加醒目的结论；并且以其影响之大，在国内学术界得到相当广泛的传播。同年出现的另一部著作则鲜为人知，这就是李肇义在法国第戎大学法学院留学时完成

① Chen Shou Yi(陈受颐)，Sino-European Cultural Contacts since the Discovery of the Sea Route：A Bibliographical Note，*Nankai Social & Economic Quarterly*，Vol.8，No.1，p.8.

② 唐庆增：《中国经济思想史》上卷，商务印书馆 1936 年版，第 366 页。

的博士论文，题为《中国古代经济思想的主要流派及其对形成重农学派学说的影响》。此文前半部分主要论述先秦时期道、儒、墨、法诸家的经济思想，后半部分则从自然法、专制政治和农业中心论三个方面，考察中国古代政治经济思想对于法国重农学派的影响。全文虽在补充若干资料之外，未提供什么新颖见解，但它却是我国学者第一次在国外直接以法文形式宣布，中国影响的重要性，“不只在于重农主义的思想来源，还在于经济科学本身的历史”。

另外，朱谦之的《中国思想对于欧洲文化之影响》一书，是在1938年撰成，于1940年出版。这部著作内设“重农学派”一节，分别讨论了“重农学派之中国思想影响”，“欧洲的孔子——魁奈”，以及杜尔哥与中国文化的接触等论题。难能可贵的是，此书在这些论题上，对中外各种有关著述，广为搜集。它不仅大量集中了当时及以前各类著述所提供的史料和观点，并分门别类加以归纳和综合整理，使人一目了然；而且还引用了重农学派的不少原作的内容以资证明。从这个意义上说，朱著对于魁奈和重农学派受中国思想影响的研究，在国内学术界居功颇多。

由上可见，20世纪30年代，无论欧美、日本还是中国的学术界，在研究魁奈的重农主义学说与中国文化的联系这个论题方面，都达到一个高潮时期。这种以共同的研究课题，中外学人彼此呼应、相互唱和的独特现象，可谓世界学术史上的一个佳话。一般说来，高潮的形成，是以法、德学者为先导，英美学者尾随其后，而中日学者则起着推波助澜的作用。这个研究的高潮一直持续到40年代中期，可以马弗里克的《中国：欧洲的模范》一书作为其标志。

自此以后，本论题的研究在世界范围内，再未出现类似三四十年代的高潮。在欧美国家，从 40 年代末期起，还有人开始对魁奈和重农学派是否曾受到中国的影响表示怀疑，而且随着欧美学者日益注重从欧洲传统中去寻找魁奈重农主义学说的思想来源，也逐渐淡忘了 18 世纪下半叶魁奈以及重农学派同中国文化接触的这段历史。这种状况一直延续至今而未变。日本学术界的情况亦大致相同，而且对于本论题的研究热情似乎退潮更早。还在 30 年代中期，当初那种大声疾呼重农学派的根本思想来源于中国的铿锵之情，便在日本学人中迅速消退。迄今日本所出版的有关论著，若与前述后藤氏之作相比较，尚无出其右者。后来有的苏联学者在魁奈《中华帝国的专制制度》第八章的俄译本中特加注释，认为"中国只是魁奈用以叙述自己思想的一个方便的手段，其内容与中国的实际情况是完全没有联系的"[①]，这一论断完全排除魁奈思想受中国影响的可能，它既表明这些苏联学者对本研究课题已取得的成果茫然无知，同时也反映了那一时期本课题研究在国际学术界的衰落状况。

在中国学术界，进入 20 世纪 40 年代后，关于本论题的研究也沉寂多年。所幸到 50 年代后期，相继有人重新提出中国古代经济思想对于法国重农学派乃至对欧洲经济思想的影响问题。此后再次中断了一个时期，直至 80 年代初，又有人如胡寄窗通过中西经济思想的对比研究，指出从世界范围来考察中国古代经济思想的光辉成就，"可能发现重农学派的所有重要经济概念都可以从中国

① 转引自《魁奈经济著作选集》，吴斐丹、张草纫译，商务印书馆 1981 年版，第 395 页注释①。

旧经济思想中极容易地找到他们的近似样品;相反,在欧洲先行思想材料中倒不容易碰到这种情况”[①]。围绕着这个论断,大陆学者在20世纪80年代末90年代初接连提出几篇专题论文,给人以新的启迪。台湾学术界大致也是从70年代末80年代初起,在当时盛行中西文化比较研究的学术潮流推动下,提出魁奈的重农学派与中国文化的联系这一长久被搁置的学术论题。其中有不少著述强调魁奈曾深受中国学说的影响,论证法国重农学派接受并传播了我国先秦儒家的若干经济思想。海峡两岸的中国学者近年来重新燃起研究魁奈及重农学派与中国文化关系的热情,虽然迄今尚未形成公认的代表性专著,但它毕竟比较仍处于沉寂之中的西方学术界同行先行一步,预示并孕育着在这一重要经济学说史论题的研究上,将出现一个新的突破。

值此之际,把魁奈的唯一一部专论中国问题的八万言著作《中华帝国的专制制度》的中译本,奉献给读者,以期为中国学者深入研究魁奈以及整个重农学派如何从我国古代文化中汲取其思想滋养这个问题,提供第一手的原始参考依据。

魁奈为什么会撰写《中华帝国的专制制度》,这与他推崇古代中国的统治方式,尤其是他对待儒家代表人物孔子的钦慕态度,有着非常密切的关系。魁奈在当时被他的弟子们称作“欧洲的孔子”,这种赞誉之词在魁奈去世时由他的忠实信徒米拉波所发表的演说中,得到充分的表达。米拉波说:

① 胡寄窗:《中国古代经济思想的光辉成就》,中国社会科学出版社1981年版,第2页。

孔子的整个教义，在于恢复人受之于天，而为无知和私欲所掩蔽的本性的光辉和美丽。因此他劝国人信奉上帝，存敬奉戒惧之心，爱邻如已，克己复礼，以理制欲。非理勿为，非理勿念，非理勿言。对这种宗教道德的伟大教言，似乎不可能再有所增补；但最主要的部分还未做到，即行之于大地；这就是我们老师的工作，他以特别聪睿的耳朵，亲从我们共同的大自然母亲的口中，听到了"纯产品"的秘理。[①]

这段为悼念魁奈逝世而作的演说词，简直是像在赞颂一位中国理学大师，唯其如此，以信奉孔子学说作为魁奈的盖棺之论，确是反映了魁奈理论体系的某些重要特征。

实际上，魁奈在他已发表的专论中国问题的著作中，也多处流露出他自己对孔子的景仰之心，并给予这位他心目中的偶像以高度评价。如称述"中国人把孔子看作是所有学者中最伟大的人物，是他们国家从其光辉的古代所留传下来的各种法律、道德和宗教的最伟大的革新者"；孔子是位"坚贞不渝，忍受着各种非难和压制的著名哲学家"；孔子是一位具有崇高声望，立法明智，要求在人民中树立起公正、坦诚和一切文明风尚的"贤明大师"；中国人对这位哲学家表达了"最崇高的敬意"，他被尊为帝国的"第一位教育家和学者"，其著述"超凡拔俗"，具有极大的权威性；连蒙古皇帝亦"对孔子表达了犹如对国君一般的敬意"；等等。魁奈还将孔子学说与

① 转引自〔德〕赖希魏因：《18世纪中国与欧洲文化的接触》，朱杰勤译，商务印书馆1962年版，第92—93页。

古希腊圣贤加以对比，认为一部孔子《论语》“充满了格言和道德原理，胜过希腊七贤[①]之语”。其中褒贬之意，溢于言表。

二

魁奈著《中华帝国的专制制度》，共八章，从1767年春季起，以连载形式分4期发表在重农学派的喉舌刊物《公民日志》上，这也是魁奈涉论政治经济问题的闭世之作。这部著作发表以后，在迄今220余年间，不像魁奈的其他一些著作那样，曾得到比较广泛的传播。最初法国经济学家欧仁·德尔于1846年编辑出版《重农学派》一书，其中搜集了魁奈的许多经济著作，却把《中华帝国的专制制度》摒弃在外。直到1887年，瑞士经济学家翁肯才将该作全文收入他所编辑的《魁奈的经济和哲学著作》，这也被认为是“魁奈著作的最权威和最完整的文集”。此后，魁奈这部著作的法文原本再没有重新出版过。1958年法国学者L.埃诺迪在《弗朗斯瓦·魁奈和重农学派》一书中，也只选录了它的第八章。从其译本方面看，到1946年，才出现马弗里克的第一个英译本。而苏联至今还只有第八章的俄译文发表。我国则是在1959年和1981年，分别根据英译本和俄译文发表了魁奈原作前言、第一章和第八章的部分中文节译，亦始终未有《中华帝国的专制制度》的完整中译本出版。为什么会产生这种情况，一些西方学者的说法颇有代表性，但这并

① “希腊七贤”指古希腊时期七个最有智慧的人，他们是：普里安的拜阿斯、斯巴达的开伦、林都斯的克利奥布拉斯、科林斯的拍立安得、密提利那的庇达卡斯、雅典的梭伦、米利都的泰勒斯。

不表明这些说法就是完全正确的。兹对其中一些说法择要予以说明或澄清。

第一，翁肯在编辑魁奈著作选集的注释中，曾指出《中华帝国的专制制度》不是排在魁奈的最好著作之列。这种说法如果从魁奈的主要理论观点方面来考虑，有它的合理之处。也就是说，魁奈在这部著作中所阐发的关于政治经济问题的主要观点，在他以前的论著中基本上都谈到了，没有什么新的发展。不过，即便如此，仍有人表示了与这种说法相反的意见。如法国学者皮诺在1907年发表的"18世纪的重农学派与中国"一文中，就对魁奈这部著作尤其是它的第八章，予以高度的评价，认为它第一次系统地揭示了重农学派的政治和经济理论，而这些理论以前只是散见于魁奈的各种著作中。

更重要的是，如果从考察魁奈如何受中国文化的影响的角度来看，则没有什么其他著作可以取代《中华帝国的专制制度》一书的地位。因此，这部著作不只是像翁肯所说的那样，对于研究重农学派体系的历史沿革，亦即表明魁奈的政治观点的最后形成，要晚于他的经济观点这一点，是值得注意的；而且尤其对于研究魁奈学说从欧洲传统以外的中国文化中吸收了哪些思想要素，具有极大的参考价值。

关于这一点，还可以从当时重农学派成员对发表这部著作所表现出来的高度热情中，得到印证。如杜邦在此作发表之前，专门刊登告示，通知"在《公民日志》三月号上将刊载由《经济表》的作者以A先生署名的《中华帝国的专制制度》一文"，以期引起读者的注意。又如《公民日志》的编辑博多在评论时人对中国的宣传不够时说:“很高兴,我们手中已经有了弥补这一缺陷的作品,这是出自宗师的值得珍视的贡献,它的题名为《中华帝国的专制制度》,我们将把它献给我们的读者”。他在发表魁奈这部著作的同时,还特地说明,在这部“有价值的作品”中,每一章都“同样令人感兴趣”,因为作者是“以最大的用心来从事著述”的;并且简述各章内容,尤其强调第八章是最重要的一章,是对前面各章的一个概括,它“将国家的良好统治的自然基础,与中国所教导和所实行的作为科学的统治原理,作了一个比较”。此后,当有人批评魁奈的著作主张效法中国时,博多又解释说,魁奈的本意并不是认为中国十全十美,仅仅认为它与任何其他政府相比,更接近于理想模式。[①] 于此可见,翁肯低估《中华帝国的专制制度》在魁奈著作中的地位,显然是未曾考虑到中国文化对于魁奈及其重农学派成员的重大影响。

第二,马弗里克在他的英译本绪论中,断言魁奈对于中国感到强烈兴趣的时间,“一定是短暂的”。这里所谓“短暂”,如果是指魁奈在撰写《中华帝国的专制制度》期间才对中国发生强烈的兴趣,那明显与事实不符。因为魁奈早在 1749 年以御医身份住进凡尔赛宫时,便已置身于当时法国流行的以追求中国事物为尚的旋流中心。在这种风尚的熏陶下,他曾于 1756 年通过庞巴杜夫人劝说路易十五模仿中国古代举行籍田礼仪,十余年后,他又用中国皇帝亲耕这种形象来劝导皇太子也就是后来的路易十六,促成皇太子在 1768 年举行的一次宫廷典礼上,亲手拿着用丝带装饰的耕犁模型在众人面前炫示。从著述方面来看,魁奈早在 1757 年为《百科

① L. A. Maverick, *China, A Model for Europe*, Texas, 1946, pp. 129, 137—133.

全书》撰写的“人口论”一文中，就提到中国“地大物博”，“中国人是管理得很好的，没有战争，也不侵犯别的国家”，土地“耕种得很好”等，并依据唯一的中国实例来论证他的人口理论。此外，1763 年出版的《农业哲学》一书，系经魁奈指导而由米拉波写成，在其第一章封面上，特地设计了一幅表现中国皇帝在耕地行列中的装饰图案，以此寄托他们对中国重视农业的向往。诸如此类，不一而足。所有这些，都表明魁奈对中国所表现出来的强烈兴趣，绝非短暂，而是体现在他撰写《中华帝国的专制制度》以前的一个相当长时期内。

当然，魁奈在以前的著述中较少提到中国，只是到最后才公开发表这部专论中国的长文，这就容易使人们产生一种印象，似乎他对于中国的强烈兴趣是“短暂”的。对此，有人指出，不少学者曾批评魁奈极力掩饰其材料的来源，而魁奈在他以前的著作中很少谈到中国，恐怕也是“故意保持缄默，以便使他的理论显得独创而无旁靠”；至于他在最后的作品里才把这一“秘幕”揭示，决定泄露他所受影响的真实来源，原因在于他希望自己的政治目标，即把分崩离析的法国帝制建立在一个新的自然秩序基础之上的企图，会“在一个崇拜中国的时代里得到更大的重视”①。这个分析意见是值得注意的。

第三，马弗里克在同一英译本绪论中，还多次提到魁奈所叙述的中国资料是借用甚至剽窃了他人的著作，对此颇有微词。其实，当时西方人士关于中国资料的来源，均系主要得自来华传教士的报告，同时辅之以参考来华商人、官员或旅行者的描述。魁奈本人

① 见〔德〕赖希魏因：《18 世纪中国与欧洲文化接触》，朱杰勤译，第 92、94 页。

也说过，对于中华帝国的认识，“除了传教士的报告以外，我们几乎没有什么可资依据的东西”。因此，问题不在于魁奈所引用的大量中国资料具体来自哪些人的著作，重要的是魁奈所引用的这些流行的中国资料曾给予他的理论学说以怎样的影响。

关于这种影响的深入程度，尚需进一步研究来加以判定。但从魁奈这部中国论著的前言和第八章，也就是魁奈自己对于中国资料的研究成果来看，他在许多地方都直言不讳地承认自己的理论观点是参考了中国的范例。例如，他把用来阐述自己观点的整个第八章的内容，说成“只是对完全可以作为一切国家的范例的中国的理论，作了一个系统的汇编”；他在前言中申明，“我从有关中国的报告中得出结论，中国的法制系建立于明智和确定不移的法律之上”；对于政府首先应设立学校来传授有关自然法则的知识，他认为“除中国以外，所有的国家都没有重视这种作为统治工作基础的设施的必要性”；“一个繁荣和持久的政府应当按照中华帝国的榜样，把深刻研究和长期地普遍宣传在很大程度上构成了社会框架的自然法则，当作自己的统治工作的主要目标”；对土地收益课税，被他看作是“许多世纪以来一直由中国政府如此杰出地遵循着的学说的基本原则”，却为欧洲人所难以接受；他赞成不向日用物品或商品征税，也说是“根据中国人的意见”；他还反复强调中华帝国“由于遵守自然法则而得以年代绵长、疆土辽阔、繁荣不息”，它是“一个稳定、持久和不变的政府的范例”，它的统治所以能够长久维持，“应当归因于其内在的稳固秩序”；如此等等。魁奈的这些自我表白，足以证明他对中国资料的研究，已超出单纯的借用意义而与他自己的理论体系紧密联系在一起。

三

现在这个《中华帝国的专制制度》的中译稿，是根据马弗里克的英译本译出的，马弗里克的原译本绪论和注释，也一并译出。这个英译本在个别地方似乎有所疏漏。如马弗里克的绪论中曾提到，在魁奈原作的第二章第八节，“可以看到有关皇帝举行春耕籍田大礼的描述，对这种场面的描述使重农主义者心目中充满了虔诚的欢欣”。可是在英译本中，并没有看到对这种场面的描述，不知是否漏译。由于一直未找到魁奈原作的法文本，也无从核对。

这个中译稿在翻译过程中，还参考了其他已有的中文节译本。主要是两个本子，一个是黎国彬等编译的《17、18 世纪的欧洲大陆诸国》，1959 年由生活·读书·新知三联书店出版(此书后经辜燮高等修订，由商务印书馆于 1986 年再版)，其中根据马弗里克的英译本，选译《中华帝国的专制制度》的前言和第一章，译文尚带有一些文言色彩。另一个是吴斐丹等编译的《魁奈经济著作选集》，1981 年由商务印书馆出版，其中根据俄译文，选译了该作第八章。该译文对照英译本，一些地方略有出入。

这部译稿完成后，得到了商务印书馆经济编辑室诸位同志的鼎力支持，我在这里表示衷心的感谢。至于译文中的错误和不足之处，完全由我本人负责，希望读者不吝批评指正。

1990 年 12 月于上海

目　录

关于划分各个章节的说明（马弗里克 1945 年注）：

第一章原来没有总标题；第一节曾被标作“导论”；这一节新的标题即“西方对中国的认识”，是在 1945 年由编者改上去的。

第三章本来没有分节；现在的节数和各节标题，是由编者加上去的。

第六章原来没有总标题；第一节曾被标作“行政”；这一节新的标题即“审判机构”，是由编者改上去的。

第七章本来没有分节；现在的节数和各节标题，是由编者加上去的。

在第八章中，读者会注意到第十二节的标题“农业社会”，适用于以后各节——一直到第十八节。

英译本绪论[①]

刘易斯·A.马弗里克[②]

我在阅读中国古代哲学家孟子的著作时，发现他的论述与18世纪法国重农学派的论述非常相似。于是我萌发了一个想法，决心去探索中国人通过哪些途径影响了这些法国人。为了进行这项研究，我到过法国、英国和美国的许多图书馆，现在我已经能够对这位伟大人物和中国文化给予重农学派乃至其他许多欧洲思想家的影响，做出大体上的评价。我主要是对经济思想和政治思想感兴趣，但是像第一卷的读者所看到的那样，中国对于欧洲的影响还扩展到其他领域。我很抱歉把话题扯到了别的这些领域，不过我希望那些更有条件的著者，可以从其他领域的角度来研究这两种文化之间的交流。

第一卷对于这种交流情况，作了一个总的考察，并且摘录了一

---

① 在这个译本的早期准备过程中，曾经得到美国工作规划管理局的阿内特·艾莫斯和乔治·道格尼尼的帮助（马弗里克的英译本原注，以下简称英译本注）。

② 马弗里克著有《中国：欧洲的模范》（*China, A Model for Europe*）一书，此书共分两卷，第一卷的标题是"17和18世纪欧洲人所钦慕的中国经济与政治"（*China's Economy and Government Admired by Seventeenth and Eighteenth Century Europeans*），第二卷就是魁奈《中华帝国的专制制度》的英译本。——译者注

些欧洲作者和两位中国人[①]的著述内容。本卷全部用于转录魁奈的著作，主要是他的《中华帝国的专制制度》（巴黎，1767年）。应当承认，在这场崇尚中国的运动中，魁奈并不是最杰出的一位人物；这样就必须说明，为什么把他的这篇文章选为崇尚中国运动的顶峰之作（从一个经济学家的观点来看）。

莱布尼茨是第一个可以要求获得这种最高荣誉的人；正是他使人们开眼看到中国的榜样，并且极力主张当时在欧洲各国首都建立起来的文化研究机构把获取有关中国的知识作为其目的之一。他施加影响来说服法国政府取代日益削弱的葡萄牙的支配地位而成为在华耶稣会传教活动的保护人，同时派遣有造诣的学者来充实在华耶稣会。不过，在莱布尼茨的推动下，这场运动只是处于它的起始阶段，仍需继续发展。

伏尔泰提到中国，是以一种注重实际的方式与他的世界观相适应。他利用中国的榜样，来向他在长期斗争中所反对的不容异己的法国教会，展示一个最具有宽容态度和兼容并蓄的国家。这样来利用中国的榜样，固然是重要的，但它离开经济学领域毕竟太远，而中国榜样与经济学的关系，才是我所感兴趣的最重要的问题。

孟德斯鸠肯定不能代表崇尚中国运动史上的一个顶点，因为他站在反对的立场上，认为中国无论在制度方面还是在实践方面，都提供了一个欧洲人应予避免的令人恐怖的例证。

---

① 两位中国人的著述内容，分别是孟轲的《孟子》和徐光启的《农政全书》。——译者注

那么为什么不把杜尔哥放在主要的地位上呢？他在魁奈以前就对中国产生了兴趣，而且是以一种更为现实和更为科学的态度来对待中国。事实上，杜尔哥在他的时代，就像莱布尼茨在以前的时代一样，坚持法国政府应当获得有关那个遥远国度的可靠而真实的资料，因为当时关于这个国家一直流传着如此之多的迷雾般的美妙说法。杜尔哥曾经获悉，那时在法国有两名年轻的中国人，业已完成作为基督教传教士的培训，准备回国后向他们自己国家的人民传教。于是，他极力劝说政府借助他们两人的作用，来实现与中国之间相互交换科学和工业资料。他起草了一份有关中国问题的清单，拟让这两位中国青年回国以后予以解答。出于指导他们全面回答他所提出的问题的目的，他写了一部重要著作，详细解释了各种政治经济原理[①]。他的努力产生了效果，因为自此以后，欧洲在获取有关中国的资料方面，采取了更加注重事实的态度。而且，根据这位作者的观点，杜尔哥完全是同魁奈一样的伟大的经济学家。

我们还要强调的是，那时并不是冷静地、理智地来获得有关中国的知识，而是狂热地赞颂那个遥远的国家。魁奈由于他所采用的夸张手法，由于他对中国的优良特质的夸大其词，由于他赞成中国的制度而反对一切诋毁者，所以作为一位经济学家来考察，他在崇尚中国文化的运动中所享有的地位，要超过杜尔哥。而他作为一位经济学家的地位，则与杜尔哥并驾齐驱。大多数法国学者认

① 安纳·洛贝尔·雅克·杜尔哥：《关于财富的形成和分配的考察》（*Réflexions sur la formation et la distribution des richesses*），巴黎，1766年。至于"52个问题"，见他的全集：《杜尔哥全集》，巴黎，1808年。——英译本注

为，杜尔哥首先是一位政治家和政治思想家，其次才是一位经济学家；而认为魁奈首先是一位经济学家，同时也在政治领域内提出了许多重要观点。

在崇尚中国文化的运动中要确定谁是达于其巅峰之人，还有一位竞争者，这就是鲁斯洛·德·苏尔热；魁奈在本卷所翻译的这部著作中，大量借用了前者的著述内容。既然鲁斯洛·德·苏尔热为魁奈提供了大部分的中国资料，那么为什么不把他放在第一位呢？他是一位很有资历的地理学家，是一位研究各国地理环境的学者。他又是一位仰慕中国的人，正是他竭力对孟德斯鸠加以批驳并为魁奈所借鉴。

然而我还是选择了魁奈。因为他是近代政治经济学的创始人之一；他对中国的狂热胜过鲁斯洛·德·苏尔热，而他的著作也得到更为广泛的传播；况且作为个人还要承认，在进行这项研究的整个过程中，我头脑里始终想着的就是魁奈。

魁奈对于中国感到强烈兴趣的时间一定是短暂的。作为对于中国影响的反映，他利用了放在手边的那些材料(即鲁斯洛·德·苏尔热的著作)，并且用引人注目的方式来运用这些材料，以此加强他早已形成的、关于法国的政治和经济结构需要加以改革的论点。在这些年以前，魁奈对于中国的兴趣很可能不如其他活跃的法国哲学家和朝廷官员们那么强烈，而只是受到同时代追求中国事物的风尚的一些影响。

在我的绪论末尾，将会看到引自翁肯在他所编辑的魁奈文集1887年版中的一篇注释的译文。翁肯未把《中华帝国的专制制度》列入魁奈最好的著作之中。当然，这部著作并不代表魁奈在经济学上的主要贡献。然而在目前的研究中，既然所关心的是中国对于西方经济思想和政治思想的影响，那么这部著作当之无愧地应被看作是这场运动达于高潮的标志。

弗朗斯瓦·魁奈(1694—1774)生于离巴黎只有几里格[①]远的蒙福尔·拉穆里附近的梅里村。较早撰写魁奈传记的作者们说他出生于一个小资产阶级家庭，这种说法为谢尔[②]所坚持，认为那是一个农民家庭，只有很少的土地。然而到1717年青年弗朗斯瓦结婚时，他和新娘各自带来3000利佛尔的嫁妆和财礼，这是一笔相当可观的金额。

魁奈的早期教育并不理想。他在1711年父亲去世后，便到一名雕刻师那里当学徒，但他不久就转向学习外科医学。据说那时他还如饥似渴地阅读了我在第一卷中曾经提到的马勒伯朗士的各种哲学著作。

魁奈在芒特开业做外科医生，并且获得显著的声望。当时在外科医学和公认为更好的内科医学之间持续进行了一场尖锐的争论，魁奈在这场争论中有几年时间一直站在外科医学一边并进行了出色的辩护。他在1734年40岁时，担任维勒鲁瓦公爵的外科医生，主要在公爵的巴黎住地为公爵服务，但同时也到里昂和法国的其他地方行医。1738年，魁奈成为圣科姆(Saint-Côme)外科学院的教授，还担任了几年外科医学会的秘书。1743年，他出版了

① 长度名。一里格在英美约为三英里或三海里。——译者注

② 居斯塔夫·谢尔：《魁奈医生，外科医生，庞巴杜夫人和路易十五的御医，重农主义者》(*Le docteur Quesnay, chirurgien, médecin de Mme. de Pompadour et de Louis XV, physiocrate*)，巴黎，1907年。另见谢尔的其他著作。——英译本注

《外科医学会论文集》的第一卷，他为这一卷写的序言，成为一篇重要的哲学和社会文献。[①] 他有时也发表有关外科和医学问题的论文。

1744 年，魁奈从蓬塔穆(Pont-à-Mousson)的医学系获得医学学位。根据一种说法，这是由于他患痛风或关节炎影响他用手来进行手术，所以无法再胜任外科工作。希尔则认为这个授予学位的制度是值得怀疑的，它可能根本不需要什么专门的学位研究，而主要是为了收取费用。魁奈那时已把他的眼光转向谋取一个宫廷职位。但是，不论引起这个变化的原因是什么，或者不论他在1744 年放弃前期作为一名外科医生的研究转而从事其他医学领域的研究有什么重要意义，事实是从现在开始，他正式取得作为一名内科医生的资格。

在 1744 年，他受到约请为埃斯特拉德伯爵夫人医治癫痫病。他的医术以及他缄口不谈这种令人不快的病因的审慎态度，给伯爵夫人留下了非常深刻的印象，于是她把魁奈介绍给她的朋友和亲戚、路易十五新的宠妇庞巴杜夫人。这位贵妇人决定让魁奈做她的内科医生，又在 1748 年让他住到她自己在凡尔赛住所附近的一个阁楼间或小房间里。魁奈在巴黎还有自己的房子。他逐渐引起了路易国王的注意，而且使国王养成习惯，经常在医学和外科学以外的许多问题上征询他的意见。这位国王高兴地把魁奈称作“思想家”，后来在封赐魁奈为贵族时，又一语双关地用一个带有

---

① 弗朗斯瓦·魁奈(作为该卷的编辑，他负责撰写序言)：《外科医学会论文集》(*Mémoires de l'Académie de chirurgiens*)，巴黎，1743 年。——英译本注

三色紫罗兰(pensées)的纹章图案作为封号,赐予这位新贵族(ecuyer)。1752年,魁奈把患天花的皇太子救活了。同年,他被推选为伦敦皇家学会的会员。至此,魁奈已经成为为君主看病的内科医生和外科医生中的一员。在1755年,他担任"常任首席医师"(他显然从未获得过"国王首席医师"的最高职位),并且被封为贵族。

大约在1750年,魁奈开始对经济、政治和社会问题表现出兴趣。当时在法国可以得到的有关经济学的主要书籍是布阿吉尔贝尔、沃邦和梅隆的著作。[①] 我们在下面将会看到,魁奈曾经直接引用了梅隆。而他对于租税的强烈信念,无可争议地表明他肯定读过沃邦的书。谢尔认为布阿吉尔贝尔的著作在经济学方面,对魁奈产生了最重要影响。这些人都很关心农民的幸福,而对当时流行的重商主义的官方政策持反对态度。坎替龙是魁奈的同时代人,他的《商业性质概论》(*Essay on the nature of commerce in general*)一书在1755年出版以前,曾以手稿的形式流传了好几年。古尔内也是一个同时代人,目前尚未弄清他是否曾与魁奈见过面,但他们的观点是一致的。古尔内在1754年担任商务总监时,曾颁布一项法令,规定了法国境内的谷物自由贸易,这项法令受到改革者们的欢呼拥护,被誉为向前跨进了一大步。但是七年战争终止

---

① 皮埃尔·布阿吉尔贝尔(Pierre Boisguillbert):《在目前君主统治下的法兰西详情》(*Le détail de la France sous le régne présent*),巴黎,1697年;并参看他的其他著作。

沃邦侯爵:《王国什一税概论》(*Projet d' une dîme royale*),巴黎,1707年。

让·弗朗斯瓦·梅隆(Jean Frauçois Melon):《商业政治论》(*Essai politique sur le commerce*),巴黎,1784年。——英译本注

了国内的自由贸易。

曾经有几件事促使魁奈把他的注意力转向经济和社会领域。1748年的《阿亨条约》(*The treaty of Aix-la-Chapelle*)标志着一个时代的结束和另一个时代的开始。这个条约签订以后,放松了审查制度,对政府的富于思想内容的批评意见,变得更加普遍。同一年孟德斯鸠的《论法的精神》一书问世,也对政治思想的发展起了促进作用。[①] 伏尔泰和古尔内二人则一直将英国作者的作品译成法文,为法国人看待问题树立了新的范式。约翰·洛克的著作在法国产生越来越大的影响,米拉波肯定受到了洛克的影响。

1751年,狄德罗和达朗伯开始编纂《百科全书》,这部多卷本的辞书后来在法国产生了极大的影响。[②] 魁奈由于新萌发了对经济和政治问题的兴趣,促使他在1756年和1757年为《百科全书》写了几篇经济学的论文。

1758年,魁奈在凡尔赛宫内的场地上操作一架小型印刷机,以此来取悦路易国王。他邀请国王陛下协助他一道来进行实际的印刷操作,而路易国王就这样帮他印出了《经济表》[③];这是一张有关经济过程、财富流通的神秘图表,曾使几代读者感到困惑不解。在这个时期,魁奈还组成了名为经济学家的小团体,不久后便被称

---

① 孟德斯鸠:《论法的精神》(*De l'esprit des lois*),日内瓦,1748年。——英译本注

② 德尼·狄德罗和让·勒隆·达朗伯:《百科全书》(*Encyclopédie*),巴黎,1751年及以后数年。——英译本注

③ 魁奈:《经济表》(*Tableau économique*),巴黎,1758年。——英译本注

作重农学派。米拉波侯爵曾以他的《人类之友》[①]（*L'ami des hommes*）一书获得极大的成功，但他在这本书里论述劳动是一切财富的源泉。魁奈说服了他，指出土地才是一切财富的源泉，于是米拉波成为皈依这个新学派的第一批信徒之一。

在18世纪初期，马绍尔·沃邦极力主张主要赋税应当是农业收成和工业产量的十分之一。本书第一卷中曾经摘录了不少报道中国问题的作者的言论，从这些摘录言论中，读者会看到什一税或十分之一税的建议，与所报道的中国的习惯做法完全一致。下面还会多次提到的生活在18世纪前半期的许多人物，包括阿贝·博多在内，都赞成以这种什一税的建议作为改革繁复、腐败和苛刻的法国租税制度的最好办法；不过魁奈认为只有农业的纯产品应当被征税。他的观点是对贵族特权的一个打击，因为他把纯产品看作是由租地农场主缴纳给地主的地租。魁奈本人是从小土地所有者的地位上升到带有贵族头衔的大土地所有者的地位，他实际上是向他刚刚被接受成为其中一员的大土地所有者阶级，提出了由他们来交纳全部国家税收的建议。

到七年战争结束时，古尔内在布列塔尼创办的一个农业社被认为很有益处，于是主计大臣贝尔丹加以仿效，在法国的其他省份建立了许多类似的农业社。作家杜阿梅尔出版的一本关于农业改革的书，当时也受到热情的欢迎。在1760年，米拉波抨击了腐败

① 米拉波侯爵：《人类之友，或人口论》（*L'ami des hommes, ou traité de la population*），阿维尼翁，1756年。——英译本注

和靡费的承包国家税收制度，[①]并且批评了国王，结果由于这一轻率举动而遭到国王的监禁。

那时对于亨利四世时期(1589—1610)著名财政大臣苏利的兴趣，又再一次流行。1762年8月，研究院宣布第二年举行关于苏利的演讲比赛，并设立奖金奖励演讲的优胜者，1764年还发表了获奖者托马斯的论文。同年，为了适应当时不断增长的研究需求，又再版了苏利的回忆录[②]。在这个时候，魁奈也把自己的统治准则归功于苏利的创造。

战争结束以后，在1763年和1764年，大卫·休谟和亚当·斯密曾在巴黎或凡尔赛拜访过魁奈。重农学派集团变得更加活跃。现在他们除了魁奈和老米拉波以外，还包括里维埃尔的迈尔西埃、勒特罗纳和阿贝·博多。别的与他们相识的人和客人则有杜尔哥、马龙泰尔、狄德罗、达朗伯、杜克洛、爱尔维修、布丰、帕里斯、迪韦尔内、杜邦、马里尼，可能还有古尔内和孔狄亚克。法国的农业改革是积极的，而这个新的集团正是将它自己与这个改革运动联系起来。主计大臣贝尔丹也一直支持他所建立的那些农业社。

在战争期间，对政府的批评普遍受到压制。《百科全书》被指责企图颠覆政府，它的继续出版被宣布中止。但是在1763年由于战争以惨败告终，政府的虚弱已经变得显而易见。当时政府曾颁布一项新的法令，禁止批评和议政，但它自己发现无法实施这一法令。于是《百科全书》又重新开始出版。《商业报》(*Gazette de*

---

① 米拉波：《赋税论》(*Théorie de l'impot*)，巴黎，1760年(这篇论文是匿名发表的)。——英译本注

② 苏利：《回忆录》(*Mémoires*)，巴黎，1764年版。——英译本注

commerce）也改办为《农业杂志》（*Journal d'agriculture*），而重农学派开始为这个杂志撰写文章。杜邦在加入重农学派集团以后，担任了该杂志的编辑。可是时间不长，土地所有者们就不允许在这个杂志上再刊登重农学派的文章；于是这些哲学家又纷纷转向由阿贝·博多编辑的《公民日志》[①]。

1763年，政府颁布了一项恢复法国境内谷物贸易自由的法令（1754年颁布的同样内容的前一个法令，由于战争而被取消）。

同样在1763年，法国政府通过法庭采取反对耶稣会（Jesuits）的行动。这个行动最初只影响到来自马达加斯加种植园的一般耶稣会船只，但是最后该会在法国的财产都被没收，而该会成员也被驱逐出法国。

1764年，米拉波出版了《农业哲学》（*Philosophie rurale*）一书，而达尔让松的《经济学沉思》（*Economic reflection*）一书也相继问世。在这一年里，根据杜尔哥的建议，本书第一卷中所提到的那两名年轻的中国传教士，应政府的邀请继续留在法国学习有关工业和科学的知识，这样做的目的是为了他们能够有助于在法国和中国之间相互交流。

在同一年，鲁斯洛·德·苏尔热出版了他的十卷本著作《杂录与奇谈》（*Mélanges*），下面我们还要对这部著作作简略的考察。它是魁奈获得关于中国资料的主要来源。

杜奥塞夫人是庞巴杜夫人的随身女仆，在她的栩栩如生的回

① 《公民日志》（*Ephémérides du citoyen*），系18世纪60年代在巴黎出版的一个杂志。——英译本注

忆录[①]中，可以看到有几处谈到魁奈在七年战争以前的早期情况，以及这位医生很快又重新开始他的活动时的情况。他又在与各方面的人士会谈，尽管他是小心翼翼地让他们来到他的住处在小范围内会谈。他们又开始大胆地议论政府并且提出各种改革计划。魁奈的朋友里维埃尔的迈尔西埃曾说，他担心国家不可能获得拯救，除非被征服，就像在古代中国所发生的情况那样，或者是进行广泛的改革。杜奥塞夫人评论说，在较早的时期，当米拉波还是个负责官员时，他就很喜欢开玩笑，而魁奈在主持讨论活动时，他的言谈举止是相当严肃的。

1764年，庞巴杜夫人去世，自她死后，魁奈在宫廷的地位也随之下降。

向往中国和追求中国文物的风尚，可以一般地予以考察而不必特别考虑到这些经济学家。这个风尚在路易十四执政以前的半个世纪已经开始，直至路易十五执政的这个世纪中期，它达到一个高潮。人们可以从贝勒维奇·斯坦克维奇、赖希魏因、皮诺和鲁博塔姆的著作中，了解到这种风尚的发展情况。[②] 它包括中国的轿子、瓷器、漆器、丝绸、爆竹、万花筒以及用纸来做纸牌和名片之类

① 《庞巴杜夫人的女仆，杜奥塞夫人的回忆录》(*Mémoires de Mme. du Hausset, femme de chambre de Mme. de Pompadour*)，巴黎，1846年。——英译本注

② H. 贝勒维奇·斯坦克维奇：《路易十四时代法国国内的中国情趣》(*Le goût Chinols en France au temps de Louis XIV*)，巴黎，1910年。

维吉尔·皮诺："十八世纪的重农学派与中国"(Les physiocrates et la Chine au XVIII eme siècle)，见《近代和现代史杂志》(*Revue d'histoire moderne et contemporaine*)第8卷，1906—1907年，第200—214页。

皮诺：《中国与法国哲学精神的形成，1640—1740》(*La chine et la formation de*

的许多新用法。饮茶成为一种时尚;园林一改过去人为地讲究对称,而是按照中国式的自然风格加以重建;连庞巴杜夫人也赶时髦,把自己的头发梳理成日本样式。美术受到崇尚中国运动的影响,这表现在华托及其他人的绘画之中。文学作品同样追求这一风格,像伏尔泰的剧本《中国孤儿》[①]就是其中一例。正如沃勒尔斯[②]所说,在18世纪,遥远的中华帝国成为许多法国改革家心目中的典范,而这种普遍的情感影响着经济学家,使他们更愿意去赞扬中国的经济制度和政治制度。不过,重农学派并非一味盲目地赞扬中国。米拉波就对中国的重婚习俗以及中国人看不起外国人的蔑视态度提出质疑;魁奈也对中国的人口过剩表示痛惜,认为这种情况削弱了中国并且导致犯罪的出现。

在1766—1767年冬季,巴黎的知识分子团体和艺术家团体纷

---

l'esprit philosophique en France,1640—1740),巴黎,1932年。

阿道夫·赖希魏因:《中国与欧洲》(*China und Europa*),柏林,1923年,英文版,纽约,1925年。

阿诺德·鲁博塔姆:"汉学的早期发展概述"(A brief account of the early development of sinology),见《中国社会和政治科学评论》(*Chinese social and political science review*)1923年4月号。

鲁博塔姆:"喜爱中国文化的伏尔泰"(Voltaire sinophile),见《现代美国语言协会会刊》(*Publications of the Modern Language Association of America*),第57卷,第4期,第1050—1065页,1932年12月。

鲁博塔姆:《传教士与中国官吏,中国朝廷里的耶稣会士》(*Missionary and mandarin, the Jesuits at the court of China*),伯克利,1942年。——英译本注

① 弗朗斯瓦·马里·阿鲁埃·德·伏尔泰:《中国孤儿》(*L'orphelin de la Chine*),巴黎,1763年。并见上注中鲁博塔姆的作品。——英译本注

② 乔治·沃勒尔斯:《1756至1770年法国的重农主义运动》(*Le mouvement physiocratique en France, de 1756 à 1770*),两卷,巴黎,1910年。——英译本注

纷对正在那里制作的一套雕版艺术品的订货单发生兴趣,这套雕版艺术品是为中国的乾隆皇帝而作的,用于纪念中国人的军事胜利。[①] 这使人想起魁奈在年轻时代曾一度跟一名雕版术家当过学徒。谢尔也提醒我们注意庞巴杜夫人曾是一名雕刻的业余爱好者。

中国风尚有时完全是感情用事。在米拉波的《农业哲学》(1764年)一书的卷首插图中,设计了一幅中国皇帝参加春季籍田大礼的图画,显示出中国皇帝在耕种一小块土地,以此为他的臣民树立一个榜样,表明他与臣民们息息相通。由皇帝耕种过的土地上所收获的农产品,以后被用作宗教活动的祭祀品。模仿这种做法,在1768年春季,法国皇太子也以他的尊贵之手拿着一幅小的耕犁模型。这个举动是想用来证明他对法国农民的同情以及他对农民为国家所做出的巨大贡献的重视。画家们曾以绘画方式把这个事件记录下来,而诗人们则对这位皇太子大加赞颂。另一位具有更加强健体魄的欧洲君主即奥地利的约瑟夫皇帝,在1769年使用一幅完全与真的农具一般大小的犁耕种了一块土地。他也是直接效法中国的皇帝。

前已述及,魁奈所利用的有关中国资料的主要来源,是得自雅克·菲利贝尔·鲁斯洛·德·苏尔热的《杂录与奇谈》一书(这部

---

① 亨利·科尔迪埃:"中国皇帝的'战利品'"(Les "conguêtes" de l'Empereur de la Chine),见《关于东亚的论文集》(*Mémoires concenant l'Asie Orientale*),第1卷,1913年,第1—18页。根据陈受颐在下面著作中所开列的书目,科尔迪埃还在其他著作中提到这个论题。

陈受颐:"中国皇帝(乾隆)的'战利品'"〔*Les "conquêtes" de l'Empereur de la Chine (Ch'ien Lung)*〕,见火奴鲁鲁艺术研究院的《年度公报》(*Annual Bultetin*),第2卷,1940年。——英译本注

著作的全名见下表)。鲁斯洛·德·苏尔热这部著作原来的法文版共有10卷,以后紧接着出版的瑞士版则有12卷。现代作者参考的一般是这个瑞士版本。

鲁斯洛·德·苏尔热撰写和编辑了许多重要的地理学著作。如果照今天的眼光来看,他会被看作是一名社会地理学家或者是一位研究各民族特征问题的学者。在下面所列举的有关他的著述的、不完整书目中,包括两类著作,一类著作和目前的研究有关,而另一类著作之所以被列举出来,仅仅是因为它们引起了经济学家的兴趣。这些书目如下:

1.《农学和技艺,或农业、商业和各种技术的原理》(*L'agronomie et l'industrie, ou les principes de l'agriculture, du commerce, et des arts*),7卷,巴黎,1761年及以后数年。

2.《杂录与奇谈,或亚洲、非洲、美洲和南北极地区的自然、伦理、民俗与政治的历史概论》(*Mélanges intéressant et curieux, ou abregé d'histoire naturelle, morale, civile, et politique de l'Asie, de l'Afrique, de l'Amérique, et des terres polaires*),巴黎,1763—1765年,10卷;还有在伊沃顿出版的另一版本,1764—1766年,12卷。魁奈抄袭的就是这部著作。

3.《关于亚洲、非洲和美洲的地理学论文集,耶稣会士著作摘要》(*Mémoires géographiques sur l'Asie, l'Afrique, et l'Amérique, extraits des écrits des Jésuites*),4卷,巴黎,1767

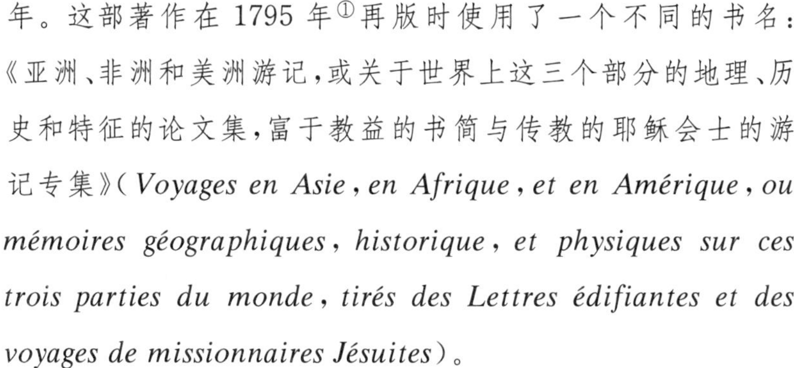

年。这部著作在1795年①再版时使用了一个不同的书名：《亚洲、非洲和美洲游记，或关于世界上这三个部分的地理、历史和特征的论文集，富于教益的书简与传教的耶稣会士的游记专集》（*Voyages en Asie, en Afrique, et en Amérique, ou mémoires géographiques, historique, et physiques sur ces trois parties du monde, tirés des Lettres édifiantes et des voyages de missionnaires Jésuites*）。

4.《财政学词典》（*Dictionnaire des finances*），3卷，巴黎，1784年（隶属于分门别类的《百科全书》）。

5.《地产与永久性出让地产的效用》（*Du domaine et de l'utllité de son aliénation à perpetuité*），1787年。

6.鲁斯洛·德·苏尔热与默尼埃·德·凯尔隆合作编辑阿贝·普雷沃斯特所著《游记通史》（*Histoire générale des voyage*）这部系列丛书的最后几卷。

7，他（与梅兰一道）翻译了尼科·霍雷布用德文撰写的著作《冰岛的外貌、历史、民俗与政治新论》（*Nouvelle déscription, physique, historique, civile, et politique de l'Island*），3卷，巴黎，1764年。

鲁斯洛·德·苏尔热持论公正，学识渊博。他将自己所研究的无论什么事物，都力求以一幅完整的图画形式描述出来，因而既包含有利的内容，也包含不利的内容。但是，当魁奈借用他所描述

① 原文"1765年"系笔误。——译者注

的内容时,却不是这样不偏不倚。魁奈是在修饰一幅图画,而且很可能是利用各种颜色来渲染突出其中引以为论据的那些事实。皮诺曾对魁奈这种歪曲事实的做法感到失望,不过皮诺或许是夸大了这位出色医生的偏见。

在魁奈著作的前七章中,几乎所有的材料全都是从鲁斯洛·德·苏尔热那里剽窃来的。魁奈只是偶尔作了一些压缩和调整,加进一些简短的过渡段落。他多次承认自己借用了鲁斯洛·德·苏尔热的著述内容,但是必须告诫读者这种借用几乎是全盘照搬。例如,在魁奈著作的第一章第一节结尾,开列了一份曾被"参考"过的有关中国的杰出报道的书目,这一段内容就是逐字逐句地抄袭了鲁斯洛·德·苏尔热的著作,而就目前所能做出的判断来看,魁奈并没有参考过这些书目。关于他在此后所提到的那些参考书目,像《世界史》(*Universal history*),舒克福德、科斯塔尔和马蒂尼的著作,都必须提出同样的告诫。

在第八章也就是最后一章,魁奈着手运用中国的经验教训来处理法国各种迫在眉睫的问题。他的理想是一个开明的专制政府,在这个政府的统治下,制定"实在"法(各种法规)是为了贯彻自然法即一套崇高原则的精神。

1767年春季,《中华帝国的专制制度》分四期连续发表于《公民日志》。当这部著作还在分期连载的时候,魁奈已经在着手对自己的学说作进一步的阐述,与他密切合作的是他的朋友和门徒,即马提尼克的最高法院顾问和总督里维埃尔的迈尔西埃,当时迈尔西埃撰写了《政治社会的自然根本秩序》(*The natural and essential order of political societies*)一书。从翁肯的注释中将会看到,魁奈曾经督促他的朋友聚精会神地撰写这部著作。

在这两部著作发表以后，像翁肯的注释中所提到的那样，马布利曾指责这两位作者对于中国的介绍具有偏见。当时《公民日志》也就是发表魁奈著作的那个刊物的编辑阿贝·博多，站出来为他的重农学派同伴进行辩护，反驳马布利说，这两位作者并不是想把中国描绘得完美无缺，而只是想指出中国政府比起任何其他的政府，更接近于理想的模式。

现在，我们可以来看看魁奈的著作即《中华帝国的专制制度》本身。这里，我不想逐句逐段地来考查书中抄袭鲁斯洛·德·苏尔热之处。我已经说过，几乎前七章的全部内容都是直接引自那位作者。读者如果对于仔细地比较这两本书有兴趣，可以参考皮诺的著作。

不过，除了鲁斯洛·德·苏尔热而外，考察一下使魁奈得益的其他一些作者，可能是令人感兴趣的。

第二章第五节中关于官吏们负责向中国人民阐明的那整套准则，就是引自杜阿尔德的著作[①]。这套准则实际上是由康熙皇帝颁布的圣旨(Sacred edict)构成的。[②] 这些准则正像翁肯在下面的注释中所提到的那样，它们对于魁奈阐述统治的准则以及其他的一般政治思想，关系极大。

① 耶稣会士让·巴蒂斯特·杜阿尔德：《中华帝国和中国鞑靼全志》(*Déscription de l' Empire de la Chine et de la Tartorie Chinoise*)，巴黎，1735 年，4 卷。——英译本注

② 赫艾尔贝·吉尔斯：《中国文学集萃》(*Gems of Chinese literature*)，上海，1923 年。——英译本注

在第二章第八节里，魁奈指出，在中国，租地农民享有很高的社会地位。对此，皮诺认为魁奈歪曲了他从鲁斯洛·德·苏尔热那里所借用来的材料，因为鲁斯洛·德·苏尔热的说法是很谨慎的，他说在处于较低社会阶层的人民中间，农民排在第一位。不过，在这个例证中，皮诺对于魁奈的评价可以说过于苛刻。因为这位外科医生兼经济学家可能在几位传教士的著作中或者在利用这些传教士所提供的资料作为其来源的某位作者的著作中，很容易找到关于中国农民享有很高地位的这种表述方式；因为在当时那些为中国进行辩护的人们中间，这种表述方式是相当普遍的。另一方面，在《中华帝国的专制制度》一书中的其他地方，魁奈也对这种说法提出了修正，明确指出租地农民的地位是在官吏和贵族们之下。

在第七章第五节里，关于中国可能通过将毗邻岛屿开拓为殖民地，以此来缓解它的人口压力的建议，系来自梅隆的《商业政治论》(*Essai politique sur le commerce*)一书。这个建议首先见于1736年梅隆著作的第2版，不过魁奈所引用的很可能是这部著作的1761年的版本。

在魁奈的著作中，自然秩序是一个很重要的内容。然而不能由此断言自然秩序概念是刚刚从中国传入欧洲的，因为自公元前3世纪信奉伊壁鸠鲁学说的时代以来，关于社会基本结构的讨论在西方世界一直未曾停止过。但是，在17和18世纪的欧洲，对于自然秩序的思考被赋予了一种新的活力。重新掀起有关这个论题的讨论，可以归结为以下几个原因：新教改革，主张自然神论和不可知论的倾向，还有关于中国及其孔子理性主义哲学的报道。

不过，魁奈关于自然秩序的论述，仍有其新颖之处。中世纪的思想家利用自然秩序来反对现代文明，将两者置于明显的对立之中；这种做法后来在洛克、卢梭和托洛那里得到继续。他们常常在感情上流露出对简朴的黄金时代、野蛮人的高尚情操等的渴望。可是，根据魁奈的看法，正是自然秩序构成了文明状态的基础；现代社会具有自然的形式和框架，如果排除那些人为的起妨碍作用的法规，自然秩序就会随之出现，而合理的"实在"法规又能够使秩序顺利出现。

一方面肯定中国政府为农业和商业做了这么多的事情，而且肯定在那里是由贤明而富于高度道德原则的官吏们以极为平静的态度治理着国家，另一方面却又认为中国政府必然实行暴君的专制统治，就像孟德斯鸠和其他人所推断的那样，这对魁奈来说（并且对在他之前的鲁斯洛·德·苏尔热来说），纯属无稽之谈。中国是有一个专制的帝王，但是他要按照自然法则来实行统治，他本人也隶属于这个法则，如果他迈错了步，偏离了正确的道路，忠实的大臣们会立即向他指出来，结果是他得纠正自己的行为。这就是"开明的"专制统治。

对魁奈的著作从另一个角度进行初步的考察可能是有益处的，这就是简要指出其中各个章节所具有的经济学意义：

第　一　章

在本章第三节，将会看到有关中华帝国的疆域和繁荣的描述，其中谈到使人能过上幸福生活的丰富资源，土壤的深厚和肥沃，一年收获几茬庄稼的习惯，河流、湖泊和运河，通达便捷的公路和桥梁以及对它们的精心维护，同时也谈到普遍存在着的贫穷状况。这里有一段内容好像是由魁奈自己撰写的而不是抄袭他人。他认真地考虑过依靠救济来解决贫穷问题的可能性，由此得出的结论是，在一个国家里，不可能依靠救济来解除穷人的苦痛，因为救济品是从构成工资的那一部分中扣除出来的，这种扣除在解除了一部分人的痛苦的同时，又会使另一部分人趋于贫困。也是在这段内容中，他曾考虑到在中国仍存在着卖身的奴婢，并且补充了一些想象的细节，说明那里怎样由于仁慈地对待奴婢而使这个问题得到了缓解。他还提到中国农民的知足安定，又说如果人们的劳动收入有所保障，无论在哪里，他们都是知足安定的。

第　二　章

本章第五节包含有上面曾经提到过的康熙的圣旨。还讨论到《京报》(*The Peking Gazette*)，即一种政府刊物，其职责是把有关官方法令的消息传达到帝国各地。

第七节论述了在结婚、发生遗产继承等情况下的财产所有权和财产转移问题。

第八节简要论述了中国的农业，那里一年收获几茬庄稼。在这里，涉及一个上面提到过的皮诺曾经予以指责的说法，即租地农民具有很高的地位。这里可以看到有关皇帝举行春耕籍田大礼的描述，[①]对这种场面的描述使重农主义者心目中充满了虔敬的欢

① 不知何故，在马弗里克的英译本第二章第八节及其他各章节中，均未看到有关中国皇帝举行春耕籍田大礼的描述。——译者注

欣。这里还提到授予杰出的农民以各种荣誉,并且描述了乡村里所举办的具有象征意义的春季节日活动,即用一头泥制的耕牛来作为丰产的象征。

第九节把商业看作依存于农业并且担负着重要的社会经济职能。中国是一个自给自足的国家,没有什么对外贸易。魁奈反对当时在欧洲流行的重商主义者的观点;他说,一个国家所消费的全部财富都是来源于它的国内,不论这些财富是在国内生产的还是由国内所生产的物品通过交换而获得的。(几年以后,亚当·斯密开始用一种与此相似的叙述方式来撰写《国富论》)。他还围绕着中国人是否在贸易活动中进行欺诈这个争论性问题进行了讨论。

第 四 章

中国的租税有着健全的规则,甚至连寺庙也不得免税。对拖欠税额者不是采用没收农田充公的方式,而是有时将乞讨的穷人安排在这些拖欠者的家中居住。租地农民不会受到骚扰,也不会迫使他们在春耕和夏收期间为政府服役。对于受到干旱、水涝、饥荒或瘟疫困扰的地区,皇帝经常蠲免那里的原定税额。根本没有"租税承包人"(taxfarmers);取而代之的是,租税均通过由朝廷任命的地方行政官吏来征收。皇帝为各级官吏提供住所和其他各种费用。到处都有宽阔惬意的公路,而大运河更是令人瞩目。

第 六 章

这一章讨论行政管理和官吏的职责问题。

第　七　章

本章第一节针对孟德斯鸠批评中国的各种意见，进行了广泛的驳斥；这场论争不是由魁奈引起的，而是他采纳了（以各种方式承认并且赞同）鲁斯洛·德·苏尔热的观点。正是中国的人口数量，明白无误地表明它的统治一直是仁慈宽厚的。

第四节是魁奈本人的论述。他承认中国的税制在某些方面还存在着缺陷，这些缺陷表现为违背了最好的税制形式，即建立在农业纯产品之上的单一税制。

第六节[①]是关于财富与人口之间关系的重要论述。人口总是趋于超过财富；财富方面的不平等不应当受到责难；受到责难的应当是不合规则的征税方式以及由垄断者对人民进行的劫掠，这种征税方式和垄断式劫掠会引起流通中货币的匮乏，产生普遍的不良后果，也就是我们今天所说的通货紧缩状况。在这里，魁奈讨论了就业和财富流通问题。他还采纳了（却不承认）梅隆的如下建议：如果中国能向毗邻岛屿开拓殖民地，它就会为国内的过剩人口找到有前途的出路。

第　八　章

本章都是魁奈自己的研究成果，包括关于统治的一般结论，特别是关于法国所急需解决的各种问题的结论。这一章的内容主要是政治方面的，但也有一些段落含有经济学上的意义。在第十一、

① 应为第五节。——译者注

十二、十三和十四节里，魁奈考虑到几种社会形式(如狩猎、捕鱼等)，并且得出结论，农业是不以掠夺为业的所有民族的共同特征；他猛烈抨击各种野心勃勃和具有破坏性的战争，并且为争取人身自由而进行呼吁。

在第十七节里，他假设如果建立起一个原始简单状态的农业社会，就会立即发现这个社会本身是从属于各种自然法则。例如，它必须保障土地及其产品的私人所有权利。

在第二十节里，他断言在一个农业社会中，国家收入除了农业而外，不可能有其他来源，这也是提倡单一税的理由。他讨论了纯产品，认为这是国家收入的唯一来源，也是土地所有者收入的唯一来源。他要求法国的土地所有者直接承担全部赋税负担；他向他们保证，采取这种征税方式，他们自己的负担实际上将会减轻，因为他们由此会省去支付各种加倍的高昂价格，并且由此会减少各种征税费用。他表示，他更偏向于土地所有者(他自己也跻身于这个阶级)，而反对富裕的商人。他举出中国的例证，来证明除了对土地的纯产品进行征课以外，其他赋税所产生的有害结果。他宣称，君主要求直接占有王国内的全部土地是不现实的，因此，显而易见，建立土地所有者制度是合乎需要的。①

在第二十一节里，魁奈表示反对垄断和商人的自私动机。关于商业的“合乎自然规律的”政策，是维护自由和广泛的竞争。(在那个时期，法国政府正在清理印度公司这个巨大的垄断贸易公司，

① 在这里，魁奈的思想又是与鲁斯洛·德·苏尔热的思想相类似，这方面的比较可见这位作者后来出版的一本著作《地产与永久性出让地产的效用》，1787 年。——英译本注

而对远东的贸易活动也开始建立在自由竞争的基础上。)

在第二十二和第二十四两节里,他极力主张土地所有者担任国家公职,以此来提高他们的声望。他脑子里是不是在想着中国的官吏,把他们作为法国贵族的榜样?

在第二十三节里,他建议成立一支直接由国王指挥的雇佣军队,而不是带有偏狭忠诚信念的封建服兵役人员。为了实现这个目标,就必须拥有大量的国家收入。

1887年翁肯的注释

在1887年,奥古斯特·翁肯出版了一本魁奈著作集。他在这部文集中收入了《中华帝国的专制制度》一文,但认为该文并不重要。他的注释如下:

> 这部内容广博的著作曾分四期发表在《公民日志》上,从某种意义上说,它可以被看作是里维埃尔的迈尔西埃的著作《政治社会的自然根本秩序》一书的前奏曲。后一部著作于同年6月出版,它主要是详细阐述了重农学派"体系"的各种政治原理。在这部著作的写作过程中,魁奈充当了一个主动积极的角色,同他在《经济表》(*Tableau économique*)第一版的创制过程中所起的作用差不多。根据米拉波侯爵的说法,至少是根据这位侯爵写给他的朋友隆戈(Longo)的一封信(1788年5月27日)中的一段话,人们便可以得出这样的结论。他在这封信中写道:"我目睹《政治社会的自然根本秩序》一书的作者花费了整整六个星期,一直穿着睡袍在汲取医生(即魁奈)的研究成果,在不停地写作和修改全书,最后连自己

的父母也不去理会。”[①]正是由于这个原因，所以马布利在他于1768年出版的《对哲学经济学家关于政治社会的自然根本秩序的疑义》(*Doutes proposes aux philosophes economists sur L'Ordre naturel et esseretiel des societes politiques*)一书中，对魁奈的《中华帝国的专制制度》的攻击，不亚于他对里维埃尔的迈尔西埃的著作的攻击。

一般地说，魁奈的这部著作没有引起多大的注意，它也不是排在这位作者的最好著作之列。然而，对于研究重农学派体系的历史来说，它是值得注意的，因为它表明魁奈的政治观点的最后形成，要晚于他的经济观点。可以注意到，后来收入《一般准则》(*Maximes generales*)中(进一步的论述见翁肯原书第330页——英译本注)的各种准则[②]，其组成带有一种政治色彩。

杜邦的《出版简讯》(*Notice abregée*)在宣布即将发表这部著作的第一部分时是这样说的：“在《公民日志》的三月号上将开始刊载由《经济表》的作者以A先生署名的《中华帝国的专制制度》一文。”

---

① 路易·莱奥纳尔·隆梅尼埃：《米拉波家族》(*Les Mirabeau*)，5卷，巴黎，1879年及以后数年。这部著作由夏尔·隆梅尼埃完成。引文见第2卷，第334页。——英译本注

② 魁奈在1757年发表于《百科全书》中的《谷物论》(*Les Graines*)一文中概括为14条准则，并且在那里提到了苏利。这14条准则在米拉波于1758年发表的《人类之友》第二部分中被扩展为24条准则，后来又在米拉波1763年出版的《农业哲学》中再次以24条准则出现。这些准则在杜邦·德·奈穆尔1768年出版的《重农主义》(*Physiocratie*)中被增加到30条。最后的增加系归因于中国的准则，见第二章第五节与此相关部分。——英译本注

《公民日志》的编辑阿贝·博多为这部作品所写的序言是一个注解，他写了下面一段话："我们让这部有价值的作品尽快地与读者见面，正像我们对他们所许诺的那样。[①] 作者将这部作品分成八章，每一章都是同样地令人感兴趣，因为以最大的用心来从事著述是这位作者的习惯。第一章涉及中国的起源、疆域和繁荣；第二章详细考察那个帝国的基本法；第三章分析它的实在法；第四章论述租税制度；第五章论述皇帝的权力；第六章论述行政管理、刑法和中国官吏；以及第七章论述受到指摘的中国统治的各种缺点。第八章也就是全文最重要的一章，是对前面各章的一个总结，实际上是将国家的良好统治的自然基础，与中国所教导和所实行的作为科学的统治原理，作了一个比较。"

（翁肯的注释到此为止）

① 在1766年出版的《公民日志》第3卷第106—107页上，博多考察了达努瓦·于内尔的《论自然法的历史》(*Essai sur l' histoire du droit naturel*)一文，注意到于内尔对中国的赞扬，但认为还不够，于是补充说："很高兴，我们手中已经有了弥补这一缺陷的作品，这是出自宗师之手的一个值得珍视的贡献，它题名为《中华帝国的专制制度》，我们将把它奉献给我们的读者。"——英译本注

前　　言

用专制一词来称呼中国政府，是因为中国的君主独掌国家大权。专制君主意指主管者或当权者，因此这个称呼可以用于执行法定绝对权力的统治者，也可以用于篡夺专制权力的统治者，而后者执政不论好坏，其政府都不受基本法则的保护。这样就有合法的专制君主与为所欲为的或不合法的专制君主之分。在前一种情况下，专制君主这个称号似乎与帝王的称号没有什么区别，这是给予所有国王的称号，也就是说，对于那些独揽大权，其权力受到以他们为首的政府制定的各种法律所限制或制约的国王，均可使用这个称号。这一解释同样适用于皇帝。因此，君主、皇帝、国王以及其他，等等，都是专制君主。而在独裁专制中，专制君主一词几乎总被看作是一个贬义的称号，意指残暴专横的统治者。

中国皇帝是专制君主，但这个名词适用于哪种含义呢？在我看来，好像我们欧洲人常对中国政府怀有一种不好的印象；但是我从有关中国的报告中得出结论，中国的制度系建立于明智和确定不移的法律之上，皇帝执行这些法律，而他自己也审慎地遵守这些法律。人们可以从下面根据这些报告本身而作的简单汇编中来判断这个问题，提出这个汇编也正是为了这个目的。

第一章　导论

第一节　西方对中国的认识

13 世纪末叶，著名的威尼斯人马可·波罗第一次带来了中国的消息。他报道这个君主国的古老，法律和政治的明达，它的繁荣、富庶，贸易的兴盛，帝国居民的众多，人民的知识、教养、对艺术和科学的爱好，但这一切似乎都是难以置信的。所有这些报道曾被认为是夸大其词。他那不寻常的游记，看起来更像是生动想象的产物，而不像是一个忠实观察家的报告。

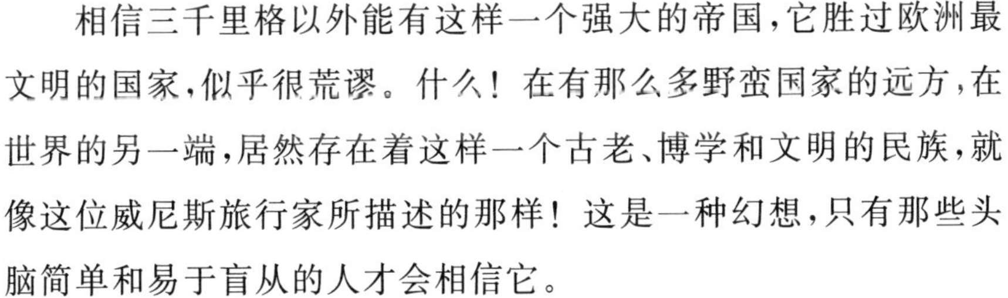

相信三千里格以外能有这样一个强大的帝国，它胜过欧洲最文明的国家，似乎很荒谬。什么！在有那么多野蛮国家的远方，在世界的另一端，居然存在着这样一个古老、博学和文明的民族，就像这位威尼斯旅行家所描述的那样！这是一种幻想，只有那些头脑简单和易于盲从的人才会相信它。

时间的推移消除了这些疑虑。在 16 世纪[①]之末，随着第一批传教士进入中国，他们发表了关于这个王国的各种报告，他们的报

---

① 16 世纪。这里纠正了鲁斯洛·德·苏尔热和魁奈两人书中关于 15 世纪的错误说法。——英译本注

告进一步证实了马可·波罗的报道,肯定了它的真实可靠。这些人的身份和才智足以保证他们的论述符合实际情况,而且许多人的论述相互一致,故令人信服。于是怀疑化为相信,伴随而来的是惊奇和羡慕。

自此以后,各种报告的数量大幅度增加。然而,我们还不能说我们对中华帝国及其物产的认识足以勾勒出这个令人着迷的国家的真实轮廓。除了传教士的报告以外,我们几乎没有什么可资依据的东西。而那些传教士又以其职业高尚,工作神圣,很难做出完全客观的研究。再说传教士为了推进他们的传教活动,必须致力于研究世俗科学[①],剩下的时间,就只够给我们提供一点他们在那个伟大国家的广袤土地上进行粗略观察的结果了。

尽管如此,他们仍提供了一些有关道德和政治历史方面的资料,但无论这些资料可能怎样完备,其立论都不如我们所期望的那样周密。在一些场合,传教士还由于宗教偏见而掩饰事实的真相,并且他们的记述也不像他们的传教热忱那样,显示出一贯的精确态度,并为此曾受到指责。

关于那个庞大国家的各种物产,由于传教士们没有足够的余暇进行专门研究,结果成为传教士们有关中国的报道中最为缺乏的部分。根据他们的报告,我们可以肯定,那片土地上的自然状况就像我们这里一样,呈现出相同的智慧,相同的理解力与相同的多样性,不同之处似乎是,在那个国家里,几乎包罗了散布在世界各

① 在中国宫廷中,要求每位传教士都得履行某种世俗服务,或是科学方面的,或是娱乐性质的。——英译本注

地的人们所能发现的所有物产。正是由于这种自然物产的极其富饶，使得传教士们不可能向我们提供关于这些物产的完整资料。

杜阿尔德神父曾经专心收集这些报告并将它们编辑成内容相互关联的一个专集。[1] 他的这部著作所具有的一般长处为人们所公认。我们研究中华帝国，即以这位作者编辑的史料作为依据；不过，这并不妨碍我们去查考他曾经用过的那些原始资料。

我们还参考了其他论述过中国而被杜阿尔德神父所引用的旅行家的著作，如马可·波罗，埃马纽埃尔·班托，西班牙多明我会(Dominican)传教士纳瓦莱特，荷兰旅行家们和吉米利·卡莱里，彼得大帝驻中国公使劳伦·兰格，勒让蒂尔，耶布朗·伊德斯，安松将军，以及其他一些人。[2]

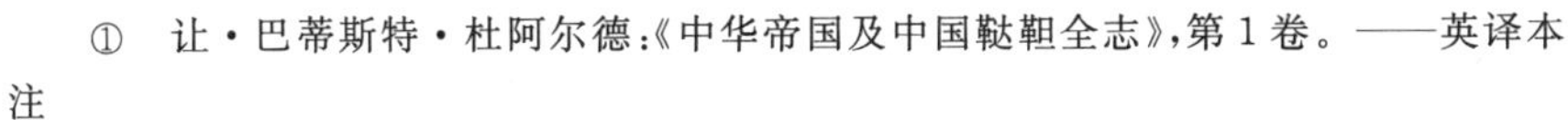

① 让·巴蒂斯特·杜阿尔德：《中华帝国及中国鞑靼全志》，第1卷。——英译本注

② 费尔诺·门德兹·班托：《游历记行》(*Peregrinations*)，里斯本，1614年。

多明戈·费尔南德兹·纳瓦莱特：《中华帝国的历史、伦理和宗教纲要》(*Tratados historicos, ethicos, y religiosos de la monarchia de China*)，马德里，1675年；以及《耶稣会在中国与日本的传教史》(*Historia de las missiones de la compania de Jesus en China y Japon*)，阿尔卡拉，1676年。

荷兰旅行家有：

约翰·纽霍夫：《觐见中国现任皇帝鞑靼大汗的荷兰东印度公司使节》(*The embassy of the Dutch East India Campany to the great Tartarian Cham, the present Emperor of China*)，荷兰文版，阿姆斯特丹，1665年；法文版，阿姆斯特丹，1665年；英文版，阿姆斯特丹，1668年，并载入班盖尔顿(Pinkerton)的《航海文集》(*Collection of voyages*)。

该公司第二批和第三批赴华使节的报告，荷兰文版，阿姆斯特丹，1670年；其英文节译见阿诺尔德斯·蒙塔纽斯和约翰·奥吉尔比合著《中国地图集》(*Atlas Chinensis*)，伦敦，1671年。

让·于伊热·范·兰尚当：《东印度航行记》(*Voyage to the East Indies*)，荷兰文版，阿姆斯特丹，1596年；英文版，1598年。

第二节 中华帝国的起源

时间的消逝隐没了万象，却从未中断中国人的源流。大多数民族的古代历史只不过是由传说故事编缀而成，这些故事或是出于想象的虚构，或是源于国家形成以前的无知与野蛮。一个民族变得越有名，就越想增加它的光彩，竭力把它的起源推溯于荒远的时代；而这种情形使人对中国的古老发生怀疑。

中国历史告诉我们，伏羲是大约公元前3000年（相当于诺亚时代）被推选出来的首领；这位统治者使中国人开化，制定了一套明智和公正的法则。史书不仅记述这位君主是一位能干的立法者，而且说他是一位精于数理的人，一位具有创造力的天才，将许

（接前页注）让·阿尔贝·德·芒代尔斯洛：《东印度之行记述》（*Schreiben von seiner Ost Indischen Reise*），施勒斯维格，1645年；英文版，1662年，并见于哈里斯：《航海文集》（*Collection of voyages*）。

兰格和伊德斯等人的著作分别如下所列：

吉奥·弗朗斯哥·热梅·卡莱里：《环球旅行记》（*Giro del mondo*），那不勒斯，1699—1700年，共6卷。

劳伦·兰格和约翰·贝尔合著《从俄国圣彼得堡到亚洲各地的航海旅行》（*Travels from St. Petersburg in Russia to divers parts of Asia*），伦敦，1764年，2卷；法文版，巴黎，1766年，3卷。

德·拉·巴比尔尼斯·勒让蒂尔：《周游世界新记》（*Nouveau voyage autour du Monde*），内附有关中华帝国的叙述，2卷，巴黎，1727年。

E.耶布朗·伊德斯：《莫斯科到中国三年陆路旅行记》（*Three years' travel from Moscow overland to China*），第1版为荷兰文；英文版，伦敦，1706年。

乔治·安松：《1740—1744年环游世界旅行记》（*A Voyage around the world in the years 1740 to 1744*），由理查德·沃尔特编辑出版，伦敦，1748年；法文版，日内瓦，1750年。——英译本注

多重要的发明都归功于他。他开始修筑环绕中国城市的城墙，并给各家庭确立姓氏以相识别。他还设计象征性图形，用来表达他所制定的法规。其实这类发明并不限于中国。当时别处人民也熟悉类似的事物，因为到雅各布的时代，埃及的知识已经有了很大发展。

根据中国史学家所说，伏羲而后，神农继位。这位帝王向他的臣民传授怎样种谷，怎样用海水晒盐，又尝百草啜汁；他还促进贸易活动，建立市集。有些史学家在神农以后到黄帝之间插入七位帝王，而其他史学家则将黄帝列为神农的直接继承人。

据说，六十甲子循环之法、历法、天文以及有关数字和计量的一切，均起源于黄帝。又据传说，他还是货币、音乐、钟鼓号角和各种其他乐器、弓箭以及建筑的发明者。此外，他推广了养蚕、缫丝、染丝以及制作衣服的技艺。他还修筑桥梁、制造船舶和牛拉车辆。总之，在以上三位帝王统治时期，所有科学和技艺的发明均开始在中国人中间得到应用。

黄帝以后，其子少皞继位，然后相继是颛顼、喾、尧和舜的统治。中国史书记载，在帝尧统治时期，太阳曾连续十天悬空不落，由此引起对于普遍火灾的担忧。

在撰写《世界通史》（*Universal history*）[①]的所有作者中，英国作者看来在反驳那些为中国古代提供论据的人方面，是最不遗余

① 《世界通史》，伦敦版；古代史部分，21卷，1736—1744年；第2版，1747—1754年，增加了近代史部分共44卷。关于中国的资料见古代史部分第20卷，第21卷总年表也提到了中国。

《世界通史》，阿姆斯特丹版，1742—1792年，46卷，见第4卷。——英译本注

力的。在他们的著述中，人们可以找到用来反驳杜阿尔德及其合作者的结论的各种理由。这位历史学家（即杜阿尔德）确定中国的纪年开始于公元前 2357 年的伏羲统治时期，并且认为自伏羲以后，一直未曾间断，至今已有四千年历史。舒克福尔先生①同意这个观点，并揣测诺亚的方舟最终停泊于靠近中国边境的某处山区。他认为诺亚在洪水期后生育的子女，就是中国人的祖先，而且认定这位创世者在中国生活了 350 年之后，死于那个国家。这位学者坚信伏羲与诺亚是同一个人。

英国作者明确指出（根据《创世记》经文以及书中所记载的各种事迹），诺亚的方舟不可能在中国附近靠岸，而是停泊于亚美尼亚（Armenia）的阿拉雷山（Mount Ararat），进而驳斥杜阿尔德神父所提出的论据。他们的论证根本不承认这位历史学家对九位早期帝王及其统治所做的结论。按照英国历史学家的著述，那些早期王朝据说一共是为期 712 年，由此构成中国纪年的基础；但是他们断言，从伏羲到亚伯拉罕时代继舜而起的禹王朝这段历史，不足凭信。自禹的统治以后，才开始出现世袭的王朝或把持王位的家族，并相传至今。在禹以前，中国的历史系由神话与传说交织而成。

根据英国历史学家的观点，无需查阅摩西年表，因为它似乎是与中国的年表相抵触，仅研究中国人的早期著述，即足以看出整个中国历史是多么缺乏根据。能够用来证明中国古代史的最可靠证据，可以归结为三点：孔子的陈述、中国人的信仰以及他们的天文

① 萨米埃尔·舒克福尔：《世界宗教与世俗史》（*The sacred and prophane history of the world connected*），第 2 版，伦敦，1731—1737 年，3 卷。《世界宗教与世俗史》（*Histoire du monde sacré et profane*），1753 年。——英译本注

观测。但是我们怎么能接受这些证据呢？孔子曾抱怨在他的时代没有好的历史著作。这个民族的普遍信仰，犹如其他民族一样，仅仅表明他们想追求古老渊源的那种错觉。这样一种信仰，非但不足凭信，反而成为否定所有虚构的古代的另一理由。关于天文观测，根据马蒂尼神父[①]所引用的中国典籍中的例子，大意是说太阳悬空十日不落，这种例证并不能引起人们重视中国人在这门科学方面的知识。这一批评同样适用于中国史籍所记载的公元前2155年的日食观测。甚至在16世纪末耶稣会士抵达中国时，中国人的天文学知识还相当贫乏，尚需由伊斯兰教徒为他们编制历法和从事各种天文观测，像这样的民族，有可能进行即便是最简单的天文观测吗？英国的批评家们说："那就是我们从科斯塔尔先生[②]连载于1747年3、4、5月各期《哲学通讯》(*Philosophical transactions*)的一封博学而有趣的信中所希望能够得到证明的东西。"此外，最早的三位帝王怎么有可能创造所有的自然科学和社会科学知识？他们怎么有可能在这样短的时间内取得如此惊人的进步？我们想，这些外国学者说的意思是，甚至完全依靠中国人自己的历史学家的论述，也不能证实他们所说的寓言般的古代神话，因此对于他们的记述必须谨慎考虑而不可轻信。

他们的历史时期可能开始于禹王统治以后的某个时代。埃留

① 耶稣会士马丁·马蒂尼：《中国远古史》(*Sinicae historiae decas prima*)，1658年，第1卷。——英译本注

② G.科斯塔尔牧师："给D.D.托马斯·肖牧师的信；F.R.S.，……关于中国的纪年与天文学"(A letter to the Rev. Thomas Shaw, D.D.; F.R.S. ... concerning the Chinese chronology and astronomy)，《哲学通讯》，第44卷，第二部分，第483号，1747年，3、4、5月，第472—492页。——英译本注

特罗波利斯(Eleuteropolis)的挂衔主教M.福凯[①]出版了一本中华帝国编年表《中国历代王朝系年表》(*Tabula chronologica historiae Sinicae, connexa cum cyclo qui vulgo Kiat-Se dicitur*,罗马,1729年),这个表是由一位担任广州总督的鞑靼贵族在1720年编制而成,他取材于中国的大编年史。这个年表确定中国的真正纪年开始于大约公元前四世纪。M.福凯进一步断言,把这个纪元确定为从公元起算稍前一点,将不会有错。确实,他同意中华民族的起源接近于洪水时期;但他不认为中国的历史起始于我们刚才所指出的年代以前的这种说法具有充分的证据。M.E.福尔蒙[②]认为这个观点现在几乎普遍地为传教士们所接受;甚至纲目(Kang-mu)或中国大编年史的作者,也认为如果追溯中国的纪年为早于公元前400年,常常是令人怀疑的。另一位作者贝叶先生[③](M. Bayer)也很熟悉中国历史,他对这个民族的历史的论断,也未超出上述人的观点。

在人口方面,这些英国作者不曾尝试来反驳他们的论敌;然而他们声称已经证实(《世界通史》,第13卷,阿姆斯特丹版,1752年,第13—112页),公元前1300年,只有极少的人口聚居在中国。

我们的英国历史学家们继续说,如果远古时代的中国真像它

① 初为耶稣会士,后任中国布道团的名誉主教;"旧约象征论学派"(figurist)的成员。对中国经典中的神秘内容感兴趣。——英译本注

② 艾蒂安·福尔蒙:《中国沉思录》(*Meditationes Sinicae*),1737年。——英译本注

③ 戈特利埃·西格弗里德·贝叶:《中国诗乐》(*Musaeum Sinicum*),1730年,2卷;以及《古国历史辑要》(*Auszug der älteren Staats Geschichte*),1728年。他的这两本书及其他著作均载于圣彼得堡研究院的报告集中。——英译本注

在若干世纪以后那样是一个伟大而强盛的帝国，那么无论中国人多么沉默寡言，我们总会得到一些关于他们那时就很富有、很强大、很具有创造力的材料。波斯人在他们的帝国崩溃以前，应当知道有关中国的某些事情；同样，如果远古时代的中国人在世界上一直具有相当重要的地位，则希罗多德时代的希腊人也就不会对他们的存在茫然无所知了。但是在亚历山大远征印度以前的史籍中从未提到过中国人，甚至连最起码的重要性也未曾提及。无论希腊文还是拉丁文的早期历史学家均没有人提到过中国。摩西、马内托、希罗多德以及更古老的著作家们，也都没有提到中国人或中国。然而，在西西里的迪奥多鲁斯和甘特居尔斯的一些著述中，均把索非提王国（Sophitian Kingdom）的居民称作以善于治国而著闻的人民，而这同一个国家就是斯特拉博（Strabo）所谓的震旦国（Cathea）。许多学者都认为，甘特居尔斯、西西里的迪奥多鲁斯和斯特拉博所说的就是指中国，但英国学者却不以为然。

根据以上论述，似乎存在着这种可能性：近代中国人也许篡改了他们的编年史，他们把那些来自他们祖先、根据传说而留传下来的有关宇宙观、人类创世、洪水故事等资料，都纳入中国的古代王朝纪事；他们还把六十甲子循环之法发明以前很久所发生的各种事件，编成甲子纪年。不过，我们的史学家最终认为，应当在这两种截然相反的极端意见之间折中一下，并且承认中国的古代历史肯定具有部分的真实性。

这个摘录几乎全部引自《杂录与奇谈》[①]一书，作者好像采纳

① 由鲁斯洛·德·苏尔热所著。——英译本注

了英国人的意见。然而到目前为止，就相当于亚伯拉罕时代的尧、舜、禹统治时期的显著事迹来说，历史学家们所提出的各种论据，仍是很易于反驳的。

吉尼侯爵[①]重新提出于埃先生[②]的假设，认为中国人源出于埃及人。这位院士根据旁证材料来阐述他的观点，宣称中国古代文字与埃及的象形文字相似，实际上是一种按照埃及文字和腓尼基文字而构成的组合字体；他还进一步论证，中国最早的几位帝王就是底比斯和埃及的古代帝王。在吉尼侯爵看来，这种简单的推测似乎就证实了中华民族源出于埃及人的理论。他说：在尧的统治以前，中国的技艺与科学已经相当繁荣，而其邻国人民尚处于野蛮状态；由此必然得出结论，中国人系来自一个早已文明的国家，而这个国家在那时不可能出现于亚洲的东部。如果真像一些旅行家的陈述所证实的那样，远在印度都能发现埃及人的遗迹，那么就不难相信，腓尼基人的船舶曾经运载一些埃及殖民者到达印度，大约在公元前1200年，这些埃及人又从印度出发，带着他们的文明历史进入中国（《世界通史》导论，第7卷，第620页）。

阿贝·巴泰勒米于1763年4月18日在文学研究院宣读的一

① 约瑟夫·德·吉尼：《关于中国人为埃及殖民地的考证论文集》（*Mémoire dans lequel on preuve que les Chinois sont une colonie égyptienne*），附阿贝·巴泰勒米先生关于腓尼基文字的论文摘要，巴黎，1759年。同年，也还发表了一篇有关这个论题的答辩性文章。——英译本注

② 皮埃尔·达尼埃尔·于埃：《荷兰在世界各城邦、王国和帝国的贸易录》（*Memoirs of the Dutch trade in all the states, kingoms, and empires of the world*），荷兰文版与法文版，阿姆斯特丹；英文版，伦敦，1699年。——英译本注

篇论文[①]中，试图支持吉尼侯爵的理论，声称在他看来，古埃及的语言与希伯来语、汉语和其他国家的语言有着密切的关系。

奇怪的是，这样简单的联想并非在最近才出现，而可能是由于一种标新立异的思想发展之所致。即使中国人与埃及人相同之说可以成立，那么为什么不能假定后者源于中国呢？或者假定前后二者均出于同一渊源呢？这个观点看来像法国院士们的理论一样，可能具有相同的真实性。另外，我们的文人墨客凭什么断言古巴比伦的迦勒底人（Chaldeans）在接近亚伯拉罕的时代因而在尧的统治时代，对技术与科学仍一无所知呢？他们自己把印度看作是中国最早一批立法者的直接发源地，而印度不正是一边联结着中国而另一边联结着迦勒底吗？如果说科学、象形文字和技艺都产生于印度，然后在位于东方的中国和位于西方的埃及得到发展，那么这种假设可以成立吗？总之，所有这些纯粹的历史讨论，其成果都是微乎其微的。

最令人感兴趣的问题是尧、舜及其他人所建立的各种法规，他们在统治期间为了繁荣农业和交易商品而进行的各项伟大工程，他们所留存的科学与智慧的遗迹。

某些浅学之士只看到历史事件和年代，就著书说那些在孔子的相当可靠著述中被如此称颂的伟大事迹，“不值得引起学者的注

① 阿贝·巴泰勒米：“关于埃及文、腓尼基文与希腊文的关系概论”（*Réflexions générales sur les rapports des langues égyptienne, phénicienne et grecque*），载《法兰西皇家文学与铭文研究院学术论文汇编》（*Mémoires de Littérature tirées des registres de l'Académie Royale des Inscriptions et Belles-lettres*），巴黎，第 32 卷，1768 年（含 1761—1763 年），第 212—233 页。——英译本注

意”。这番谬论促使人们对这些编撰者所提出的其他论据也不能不有所警惕。

年表在完备有序方面的不足,古史记载中因时代久远而出现的空缺,以及传说故事在流传过程中的失实,这些均不足以否定那些已为历代所证实而且又为极其重要和非常可靠的遗迹所进一步印证的确凿事实。

《摩西五经》(*The books of moses*)的纪年曾引出三种不同意见,看来至今也未能解决。所有希腊、罗马和其他民族的历史,甚至是最接近现代的那些民族的历史,都与传说故事混合在一起,并且存在着历史记载上的空缺,尽管如此,各种历史事件的记述仍被认为是可信的,特别是当它们被开明的古代作者所承认而又为各种遗迹所证实时,就更加确信不疑。在尧、舜帝王的统治时代所发生的那些著名事件,也正是这样。

我们不打算滞留于考查中华帝国的历史记载、重要帝王们的名号,并为他们歌功颂德。我们计划中的篇幅不允许做这样详尽的历史叙述。不难想见,在这 230 位皇帝中,一定会有许多皇帝以其杰出的品质、才能与德行而受到称颂,也一定会有其他一些皇帝因其乖戾、平庸和作恶而令人憎恶。杜阿尔德提供了一部编年史,记载了这些君主在他们的统治时期那些最为突出的事迹;这部著作可供参考。对于我们来说,我们的任务将仅仅是介绍中国的政治体制并简要叙述与此有关的各种问题。

中国早期的几位帝王都是很好的统治者,他们所制定的法规和所从事的主要活动都无可厚非。人们认为他们通过颁布公平的法规,倡导有用的技艺,专心致力于使他们统治的王国繁荣。但是后来有几位君王沉溺于安逸、荒淫和暴虐，他们作为邪恶的典型，使他们的后世子孙认识到，当一位中国皇帝使自己招致其臣民的蔑视或怨恨时，他便面临着被废黜的危险。曾经有过擅弄兵权的君王，竟敢诉诸武力来实行独裁专制，结果军队不愿受命被利用来祸国殃民，唯一的办法就是放下武器，背弃那些君王。没有哪个民族比中国人更顺从他们的君主，因为他们受到良好的教育，深知统治者和他的臣民的职责是相互联系着的；他们尤其鄙视那些违反自然法则和败坏道德伦理的人，要知道这些伦理戒律构成了这个国家的宗教和悠久而令人赞佩的教育制度的基础。政府不遗余力地进行大规模的普及教育。君民之间形成的神圣和稳固的关系，就是建立在这些庄严的戒律之上。颛顼皇帝将宗教与君权结合在一起，规定唯有君王才能举行奉献祭品的隆重仪式，这种仪式在中国至今仍为人们所遵从。皇帝是唯一的祭祀主持人，当他感到自己无法亲自举行大祭活动时，便指定一个人来代替他。这种政教合一的做法，可以消弭许多纷乱与不和，而这些纷乱与不和，正是不少国家所经常发生的，在这些国家里，教士们总是企图僭取那些与他们作为臣民的身份不相符合的各种特权。

高辛氏（或帝喾）皇帝有四个妻子，他是第一位实行多妻制的统治者；此后，他的继承者们群相效尤。虽然中国的大多数君主都曾经制定过某些法律和明智的规章制度，但是尧作为中国的第八位帝王，仍被人们看作这个国家的第一个立法者，并且很有可能是第一位真正的皇帝。尧还是后世所有那些能够承担王位重任的君主们的典范；尧的继任人是舜，他效法了尧的榜样，以后历代皇帝都受到尧、舜二帝的光辉形象的激励，努力按照这种形象来塑造他们自己。这两位统治者确实具有作为伟大帝王的品质，而中华帝国在他们的统治期间，出现了从未有过的兴盛。

尧的一生都在为他的臣民谋取福利，从无止境；当他面临谁当其继任人的问题时，他决意排除父爱的情感，只考虑人民的利益。他说："吾知吾儿，美德其外，内蕴不肖。"他对继任人的选择尚在举棋未定之际，有人向他推荐了一个名叫舜的农夫，说舜具有千种美德，能承担王位的重任。尧将舜召来，为了考验他的才能，委任他管理一州事务。舜为政聪明能干，于是尧这位中国最高统治者又让舜与他共同管理国事，并将他的两个女儿嫁给舜；此后尧在世28年，与舜共政，极为融洽。

当尧感到他自己快要死时，把舜叫到身边，告诉他身为帝王的各项职责，勉励他很好地履行这些职责；尧艰难地说完这番话后，便断了气。尧死后留下了9个孩子，由于他们经评议不符合条件，故均被排除在王位继任人之外。尧死时享年218岁。继这位帝王去世而开创的朝代，被称作夏[①]；中华帝国历代王朝的计算，亦始于夏朝。

尧帝死后，舜对这位一直待他如父亲一般的先帝的去世所产生的悲痛，难以自制，他关门不出，居丧达三年之久。此后，这种亲属服丧三年的居丧之礼，便成为中国的风俗。

舜的统治业绩像他的先帝一样辉煌。这位统治者的主要目的之一，就是发展农业；他明令禁止各地官吏征调农民，使他们脱离

① 魁奈此说有误。夏朝的创立不是始于舜帝，而是始于继舜而起的禹帝。——译者注

正常农务去从事土地耕作以外的任何其他事务。这位帝王大约生活在亚伯拉罕时代。

为了更好地进行治理，舜采取了一种看起来确实令人惊奇的做法。这位帝王颁发诏书，允许臣民们在公告栏上写下他们所发现的帝王言行中的应受指摘之处。

禹作为新的帝王，继续恪守他的杰出先辈们的为政之道。对于他来说，臣民表达敬意的最好方式，莫过于就他的所作所为发表意见，而他一向认为如果不能为其臣民主持正义，就不配做一个统治者。从未有过一个帝王像禹那样平易近人。为了让臣民更易于向他表达意见，他下令在宫廷门前安置了一口钟，一只鼓，以及铁制、石制和铅制各一的三块牌子；然后诏示天下，准许所有希望向他进言的人，均可以按照他们想要诉说的事情的性质，敲钟击鼓或使用各种牌子。据说有一天，他由于听到钟声，曾两度中断用膳出来接见；又有一天，他在洗澡时曾三次出来倾听那些人民想让他了解的抱怨。他常常说道：帝王行事必须小心谨慎，如履薄冰；没有什么比帝王的统治更为困难，危险正是产生于帝王的行为本身；必须持之以恒，否则就会沉湎于享受；切勿懈怠，须慎重选择良臣，听从他们的忠告，并对任何经过深思熟虑而决定的方案迅速予以实施。

一位统治者对王权的职责认识得如此透彻，必能胜任履行这些职责。在禹的统治期间，曾发明了用米酿酒。这位帝王一品尝米酒即表示不悦。他说：“此液将使吾国大乱。”于是他将发明酿酒的人驱逐出境，并禁止再行酿制，违者将处以死罪；但这一禁令后来被证明是无效的。禹的长子也就是启，继承了禹的王位，而启的统治业绩之辉煌，并不逊色于他的父亲。帝启的继任人是太康。结果太康嗜酒废政，其王位被篡位者和暴君们所取代，太康的不幸结局，为这个国家的后世帝王们提供了一个十分深刻的教训。

（周）灵王是第23位皇帝，或属于第四代王朝，在他的统治时期，著名的孔子诞生了。中国人把孔子看作是所有学者中最伟大的人物，是他们国家从其光辉的古代所留传下来的各种法律、道德和宗教的最伟大的革新者。这位著名哲学家坚贞不渝，忍受着各种非难和压制，而这些非难和压制有时在哲人们的著述似乎旨在重新建立他们自己国家的秩序时，也会遭遇到。下面将进一步介绍孔子的身世、德行和事迹。他生于公元前597年。他年仅3岁即失去了父亲，他父亲曾是鲁国的大夫。孔子早年便享有盛名。他的门下有3000弟子，其中72人尤以学问高深著称；在72人中，又有10人通晓各门学问，他们同被称作出类拔萃的“十哲”。

这位贤明大师具有崇高声望，曾被推选出任鲁国大夫。他以明智的立法，使全国面貌为之一新。他革除积弊，重新确立商业信誉。他教育青年人尊重老年人，敬奉父母，即使在父母死后，仍旧敬奉如常；他劝导女子要端庄淑贤，保持贞操；他要求在人民中间树立起公正、坦诚和一切文明的风尚。

孔子记述了隶属于帝王的各诸侯之间所进行的长达200年的战争。他死时享年73岁，对于这位哲学家，中国人表达了最崇高的敬意。他被尊为该帝国的第一位教育家和学者；他的著作是如此权威，以至有人曾建议对这些著作稍加修改，竟被视作犯罪而受到惩罚。一经引用他的学说中的一段话，便可消弭一切争论，连最固执的学者也不得不放弃他自己的见解。

几乎每一个城市都设有一种殿堂，官员和贡生们每年有几次聚集在那里，朝拜孔子。在这位著名哲学家所诞生的那个省份，中国人立了许多牌坊，以表示民众的感恩之情。鞑靼皇帝忽必烈汗为了向公众表明他对学问以及对那些治学者的尊重，也出巡拜访孔子的故居，对孔子表达了犹如对国君一般的敬意。他的大臣们不能理解这位君主的举动，对他以这种方式来推崇一位在他们看来并无显贵身份的人感到惊讶。这位鞑靼君王回答道："如果说孔子的名分不值得受到这样的礼遇，那么对于他所传授的超凡之学来说，却受之无愧。"孔子的家系一脉相传，至今已有2000多年。

第三节　中华帝国的疆域和繁荣

这个帝国东边濒临所谓东海；北边以长城为界，与鞑靼族相隔；西边邻接高山和沙漠；南边抵至海疆，并与东京（Tonking）和交趾支那（Coch in China）接壤。

传教士们经过精心细致的天文观测和计量，准确无误地测量出这个美好国家的位置和疆界；他们的观测结果是，中国如果不将其属地鞑靼包括在内，其形状近似方形；东西长度至少为500里格，周长为1900里格。

如果想要测出整个中华帝国的面积，那就必须从边界线测起，这些边界线至今仍确定为位于沙皇俄国和北纬55°的中华帝国属地之间。从隶属于这个帝国的鞑靼地区的最北端算起，一直到位于北纬20°即北回归线稍南的海南岛最南端为止，可以发现其长度至少为900里格。

欧洲人称呼那个帝国为支那(China),关于这个名称的词源,难以做出确切的解释。中国人自己并不使用这一名称。前一个王朝被称为大明朝(Kingdom of the Great Splendor),现在的名称又叫大清朝(Kingdom the Great Purity)①。

自从欧洲人用支那一词来命名这个帝国(这个名称沿用至今)以后,不论在哪一个时代,都没有人能够否认这是世界上最美丽的国家,是已知的人口最稠密而又最繁荣的王国。像中国这样一个帝国,其大小与整个欧洲相埒,宛如整个欧洲联合起来,置于一个君主的统治之下。

中国划分为15个省;最小的省份如勒孔特神父的记载所述,②也是这样的富饶和人口稠密,足以独立形成一个相当大的国家。这位作者说:"一省的统治者就是当地的家长,毫无疑问拥有足够的财富和足够的臣民来实现任何有理智的抱负。"

各省又划分为许多行政区或府,每个府都有一个位列第一级的城市作为它的府治所在地。这个城市设置府一级官署,在它下面所辖的其他几个审理厅,分别设置于第二级行政区内;这些行政区被称为州。州一级官府下面又管辖一些更小的行政区,被称为县,县级城市属于第三级。此外还有众多的乡镇和村庄没有提及,这些乡镇和村庄有些就像我们的城市一样大。

对于中国城市的数目之众多与规模之宏伟,只需引用勒孔特神父的叙述,即可获得一个大体印象。

---

① 这些朝代名称系明朝(Ming)或清朝(Ch'ing)的意译。——英译本注

② 耶稣会传教士路易·达尼埃尔·勒孔特:《中国现状新志》(*Nouvcaux mémoires sur l'état présent de la Chine*),巴黎,1697年。——英译本注

他说："我曾游览过七八个城市，都比巴黎大，这还没有把其他一些我未到过而据中国地理志记载都是具有相同规模的城市计算在内。一等城市有 80 多个，可与里昂、鲁昂或波尔多相比。在 200 个二等城市中，有 100 多个与奥尔良城相当，而在大约 1200 个三等城市中，可以找出 500 到 600 个像第戎或拉罗舍尔一样大的城市，这还没有计算许许多多在规模和人口方面都超过马雷讷(Marennes)或圣让－德吕兹(St. Jean-de-Lus)一类城市的村镇。这里没有一点夸张，也不是转引其他人的记述，我本人就游历了中国的大部分地区，而我所走过的 2000 里格路程，足以证明我的陈述是有根据的。"

中国的地域广阔，从那里可以很容易发现气温和天气的影响，各地不同；由此可知，气候的差异不必导致不同的政治体制。北方各省在冬天很冷，而南方各省的冬天却一直是温暖的；夏天在北方各省并不感到很热，但在南方各省却是酷热难熬。

各省的气候有很大差异，同样，各省的地形和土壤类型也有很大差异。云南、贵州、四川和福建诸省到处是山地，难以耕作。浙江省的东部非常肥沃，而西部却是山峦重叠。至于河南、湖广(包括湖南和湖北两省)、江西、北直隶(河北)和山东各省，则具有良好的耕种条件，并且相当肥沃。

如果说中国的富饶可以使人们过着幸福的生活，那不仅是由于它有深厚和肥沃的土壤，而且是由于它有许多用来灌溉土壤的河流、湖泊和运河。没有一个城市，甚至没有一个小村庄不是坐落在河流、湖泊、某条运河或溪水的边上，这种情况在南方各省尤为常见。

大湖泊和许多小湖泊都靠来自山区的为数众多的泉水和溪流蓄水，这些湖泊促使中国人勤劳耕作；他们还利用众多的运河来灌溉土地，便利省与省或城市与城市之间的交通往来，从中获得极大的收益。

为了使陆路交通不致阻断，相隔不远就架设起桥梁。这些桥梁有五六个桥拱，中间一个最高最大。桥拱的顶部呈漂亮的半圆形，桥墩细长，从远处看所有桥拱就像是悬在空中一样。

中国的所有运河都得到很好的修护，而人们最关心的是保证河流通航无阻。尽管有些河流途经极为崎岖陡峭的崇山和岩礁地区，但是用拉纤方式来牵引客货船只，却行进自如。他们花费大量艰苦劳动，成功地在不计其数的岩石地段上，开凿出一条平坦的纤道，以便于纤夫们牵引驳船。

然而，尽管中国人民勤劳节俭，土壤肥沃，国运昌隆，却很少有什么国家在平民阶层中聚集着像中国那样多的穷人。尽管那个帝国可以说是领土广阔，却因人口的大量聚居而显得过于拥挤。全欧洲的总和也没有这样多的人家。

人口的大量增殖，在欧洲各国看来是有益的，是为人们所期望的，但有时却会产生骇人听闻的结果。在欧洲，人们认为大量人口是财富的源泉，但这种想法是倒果为因，因为无论在哪里都是人口多于财富，使财富增加和人口繁殖的是财富本身，但人口的增殖总是超过财富的增长。可以看到（在中国）人们是这样贫穷，无法喂养他们的婴孩，以至把这些婴孩遗弃在路边。人们会认为中国政府未提供足够的救济，但是赈济不足以解决贫穷问题；因为按照消费品的分配制度，人们是通过他们的劳动获取工资来维持生活。

通过救济分配消费品，是对通过工资所分配的消费品总额的一种扣除，而实行按工资分配才可能使人们免于贫穷的生活。拥有资产收入的人们只有依靠那些没有资产收入者的劳作和服务，才能进行消费活动；一个人的支出就是其他人的收入。从高价产品的消费中所获得的收入，作为一种补偿，支付给产品的生产者，以便他们能够获得再生产这些产品所需要的费用。于是支出得以增加，财富的生产得以永续不断。对于不能养活自己的赤贫者的燃眉之需来说，提供救济是必要的；但是赈济总是在相同的程度上偏离于劳动的体制和财富的循环，而正是这种劳动的体制和财富的循环，不断创造出人类生存所必需的财富。因此，当人口超过财富时，赈济不可能解决因人口过多所不可避免地带来的贫穷问题。

在中国，困苦造成了大量的奴婢或那些立约卖身而在一段时间后可以赎回他们人身自由的人。有时，一个人会以很低的价钱卖掉他的孩子，甚至卖掉他自己和他的家属。中国政府在其他事务中如此审慎，对于上述这些困难问题却视而不见，而这种令人生畏的情景每天都在重演《游历始末记》(*Historic généale des voyages*) ①。

主人对奴婢的权力无非是一些普通的职责，主人对待奴婢犹如对他们自己的孩子；同样，奴婢对待他们的主人也是忠贞不移。如果奴婢中有什么人以他自己的勤劳获致钱财，主人没有权力拿走奴婢的钱财，而奴婢则可以赎回他的人身自由，条件是如果他的主人同意，或者是如果他在订立契约时已经保留了这样做的权力

① 阿贝·普雷沃斯特编辑，共20卷，1746—1789年。——英译本注

(《杂录与奇谈》)。

每个人都想过体面的生活，而这只有通过不断的劳动才能得以实现；于是世界上便产生一个很勤劳的国家，一个很俭朴和勤奋的民族！

中国人终日从事于手工挖掘或扶犁耕作。常常可以看到，一个农民在没膝的水中干了一整天农活，傍晚回家后能够吃上米饭、一些蔬菜和喝点清茶，他便感到自己很幸运了。不管怎样，这位农民有他自己的自由和确实可靠的财产；他既不会遭受苛捐杂税的肆意剥夺，也不会受到税吏们的强征勒索，而这些税吏烦扰农民，迫使他们放弃自己的工作，往往会使他们蒙受比从事这些工作本身更令人难堪得多的羞辱。人们非常勤勉，确信无论在哪里他们的劳动都可以获得收入。不管这种收入多么微薄，对他们来说都是宝贵的，因为这是他们满足自身需要的唯一来源。

工匠们从早到晚在城里四处奔走，兜揽生意；中国的手工业者大多数在私人家里做活。举例来说，你要做一件衣服吗？——裁缝会来到你家，待在那里从早一直干到晚。其他的工匠也是这样。他们不停地沿街走动，招揽活计；甚至铁匠为了寻找一般的活计，也得随身带着铁砧和风箱；如果可以相信传教士们的报告，那么连理发匠都是肩背椅子、手拿脸盆和水壶在走街串巷。凡是非残废、无疾病的本分人，都可以找到维持生活的办法；因此，在这个帝国内没有一寸可以耕作的土地未被利用，在那里也没有任何人，无论是男女、老少或聋哑之人，不设法谋生。碾磨谷物的作坊，通常是实行手工操作，许多穷人和盲人从事于这种工作。

总之，一切通过勤劳而能够做出的发明，一切出于需要而引起人们注意的改良，一切为了个人利益而开发的财源，都在中国得到利用并使之有利可图。许多穷苦人家只需留心捡拾那些被丢弃在街上的破烂，便可维持他们的生计。甚至连粪便也能被买卖，以用于肥田；在中国各省，到处都可以看到许多人挑着粪桶在收集肥料；其他一些人则驾着小船往返于运河上，一直不停地在人家后门淘粪直到装满他们的小船。正像我们在欧洲看着船只驶过一样，中国人对这种积肥活动从不感到惊奇；农民进入人家收购粪肥，并付给木柴、油料、蔬菜等作为交换。各个城市都有不少公共厕所，它们的主人因此获得许多收益。

第四节　公民的等级

在中国人民中间，可以加以区分的只有两个等级，即贵族与平民；第一个等级包括皇亲国戚，受敕封者，官吏和学者；第二个等级包括农民、商人、工匠等。

在中国没有世袭贵族，一个人的功绩与才能是他可能获取显贵地位的唯一标准。帝国丞相的子女纵使拥有财富，却不得享有特殊的照顾。如果他们游手好闲，或者缺乏才智，便沦落到一般平民的地位，常常是不得不从事卑贱的职业。总而言之，儿子可以继承父亲的财产；但要接替他父亲的高位显职和享有他父亲的声望，就必须沿着他父亲走过的同样道路，逐步使自己得到提升；因此，儿子的全部希望都寄托在求学上，以此作为获取功名的唯一途径。

皇族成员的爵位封号是永久性的：除了亲王的身份系按照血统关系来确定以外，他们分别享有五等爵位，大致相当于我们欧洲爵位中的公、侯、伯、子、男。

与皇帝的女儿婚配者得以共享荣誉，仿佛他们就是皇帝自己的儿子，并且得到封赐以确保他们的尊贵地位；但是他们没有实权。中国在皇室以外也有一些王族；这些人或者是前代皇朝的后裔，佩戴红色绶带来标明他们的封号品级，或者是那些因其先辈效忠祖国而获得爵位封号的人。

目前仍居于统治地位的鞑靼王朝的第一位皇帝，曾设立三等爵位来分封他的兄弟，这些兄弟人数众多而且都为他征服天下建立了功业。亲王中的第一、第二、第三级由皇帝敕封为“和硕多罗”(regulos)①。这位皇帝还为“和硕多罗”的子孙制订了其他一些较低品级的爵位。亲王中的第四级被封为贝子(pei tzu)；第五级被封为镇国公(chen kuo kung)；而第五级爵位也高于这个帝国中的最高一级官职。但是，品级较低的亲王与这些高级官吏的区别，仅仅在于前者佩戴着黄带，而这种黄带对于所有的皇族亲王来说，不论其品级高低，都是相同的。多妻制使得这些亲王的数目大为增加，结果往往会发现一些佩戴黄带的人处于穷困潦倒的境地。

还有一些人也被算入贵族的行列，首先是那些离任的封疆大臣，他们或者像人人几乎都会碰到的那样到时被免职；或者自请退职而得到皇上的恩准；或者曾取得某种名誉职位、被赋予特权负责对官吏们加以审查，因而获得了人民的尊敬。其次是所有那些从十五六岁到几近40岁一直参加按惯例所举行的各种科举考试的

① 这个词见于《世界通史》，鲁斯洛·德·苏尔热和魁奈均系转引于此。——英译本注

学子们。

不过，在中国，哲学家孔子的家族，是中国最负声望而且是唯一一个可以世袭传承其尊号的家族。毫无疑问，这也是世界上最为悠久的家系，因为它一脉相传已达2000余年之久。自孔子的时代以来，历朝皇帝除了尊奉这位作为孔氏先祖的显赫人物以外，还从未间断地封赐他的一个后裔以相当于公爵的衍圣公（kung）称号。

第三类贵族包括各种封号，由皇帝用来封赐那些具有卓著功勋的人。在欧洲，贵族头衔由父辈传给子孙以及他们的后代，在中国则正好相反，子女显贵会泽及其父辈乃至他们的先祖。中国的统治者封赐贵族称号，系根据受封者对社稷所做出的贡献的大小而将封赐的范围予以扩展，一直追封到他的第四、第五代甚至第七代先祖；统治者将封赐一事通过驿站快邮告知受封者的父亲、母亲和祖父，并赐予他们以特别的封号，这里所依据的原则就在于，受封者所具有的美德必然受惠于其先辈的以身作则和谆谆教诲。

第二等公民包括一切未曾获得科举功名的人：农民列在第一位，其次是商人，以及通常所说的所有工匠、乡下人、劳动者和处于较低社会阶层的各种人。

第五节　军事力量

在中国，军事组织与文职政府相并列，有它自己的一套机构。所有的武官与文官一样，具有三个层次。他们分为九个品级，由此编组形成规模庞大的军事机构。

中国军队设置一名将军，其职责与欧洲的上将大致相同。将军属下的省级军官有各种各样的称呼，相当于我们的中将。直属于这些省级军官的下级军官就像我们的校级军官；他们又统领着那些其军衔相当于上尉、中尉和少尉的军官。

北京设有五军都督府。这些都督府的军官具有各种不同名号，诸如后卫、左先锋、右先锋、中军、前卫。各军都督府均以第一级军官任都督，并且隶属于第六部，该部总督是帝国内最高的显贵之一，被称作戎政府（Yong-Ching-Fu）。他的职权是统领朝廷各级军职人员。但为了对他的这种特殊权力加以节制，又委派一名侍郎和两名监察御史作为协理，和总督一起参与军政事务。除此而外，在实行军事计划时，戎政府受命于由皇帝直接管辖的兵部，兵部的权限是掌管帝国内的全部兵籍。

所有军事机构在履行管理程序和做出各种决策方面所遵循的办法与民事机构相同，所以在这里我们不再进行详述。

中国的设防城市和城堡，如果不把长城的塔楼、营堡和城防工事计算在内，其数目超过 2000 个，它们都有专门的名称。没有一城一镇不驻扎军队以保障城镇的防务。根据杜阿尔德神父的记述，在这个帝国内，皇帝拥有的士兵人数是 76 万，所有士兵都穿着整齐且给养相当充足，其中大部分是骑兵。他们的武器是刀剑和火器。他们的军饷 3 个月发放一次。总之，这些士兵的待遇如此之好，无需要弄手段或使用强制方式来实行征募。因为对于一个人来说，当兵服役是一项职业，而且每个人都渴望获得批准服役，不惜凭借权势或通过送礼来达到这个目的。确实，当兵服役的另一个好处，就是一个人通常在他生活的那个地区服兵役。军队很守纪律，经常由他们的教官指挥操练，但是他们的战术比较简单。

他们的海军力量并不重要，而且完全被忽略了。因为中国人在海防方面没有令人生畏的邻邦，又因为他们很少从事于对外贸易，所以对于海防和对于保护商船——这种护航负担是相当沉重的——来说，他们所需要的海军力量是微不足道的。不管怎样，他们有时也拥有相当强大的海军力量，不过其船舰的牢固程度和结构类型都不同于近代——实际上远不如目前在欧洲沿海国家所看到的那些船舰。中国在航海方面没有取得什么进展。

但是必须承认，他们在江河和运河的航行方面，具有一种我们所缺乏的技术；他们用很少的水手来驾驭像我们的海船一样大的驳船。在南方各省，有许多水手；他们中间的9999人一直是为皇帝和国家服役。勒孔特神父说，他们航行于急流险滩的技艺，有些是令人惊异和难以置信的；他们几乎是在向自然力量挑战，勇敢地航行于会使其他民族望而却步的航道上。

第二章 中国的基本法

第一节 自然法[①]

中国人的宗教主要关心的是至高无上的上帝(supreme being);他们崇奉上帝为万物的本源,赋予他以"上帝"(shang-ti)的名义,那意味着君主或皇帝;或者赋予他以"天"(tien)的名义,那意味着同一事物。[②] 根据中国注疏家的解释,天是统辖苍穹的灵魂,他们又把苍穹看作是大自然的造物主最为完美无瑕的杰作。苍穹的外貌总是令人肃然起敬,使人们看到自然秩序的美妙和卓绝;在那里,造物主的不变法则得到最为清晰的显示。但是,这些法则不应被看作仅仅适用于宇宙万物的某一部分,因为它们是适用于宇宙万物所有部分的普遍法则。"天"这个词还被用来表示物质的天,它的含意随着它所应用的对象的不同而有所改变。中国人称呼父亲是一家之天,总督是一省之天,皇帝是帝国之天。根据他们的说法,他们较少崇拜那些从属于上帝而统辖着城市、河流和山岳的各种神灵。

① 魁奈给论述宗教问题的这一节加上"自然法"这个标题,这是值得注意的。——英译本注

② 这是一个误解:天(tien)意味着苍穹(heaven)。——英译本注

所有的经书，特别是一部称作《书经》(*Shu Ching*)的经书，把“天”描绘成现存万物的造物主，人类之父；他是独立和万能的生命，甚至洞悉我们内心最深处的隐秘；他支配着宇宙万物，随心所欲地预见、延迟、加速并决定尘世间的一切事件；与他的神圣相互辉映的是他的全能，他的公正，他的无上博爱；人类除了善德而外，没有什么能够打动他；无论茅屋寒舍里的穷人，还是他可以随意废黜的位居宝座的国王，都平等地享有他的公正，并根据他们所犯的罪过而受到相应的惩罚。各种社会灾难都是他的警告，用来唤起人们热爱善德；不过他的仁慈和宽厚要胜于他的严厉；防止他动怒的万全之策就是改邪归正。他被称作天公、老天爷；人们确信，如果他们不是发自内心，不是受到内在情感的激励，单凭表面上的崇拜，根本不可能博得天的同情。

而且在这些经书中，据说上帝具有无穷的智慧；他借助于我们的祖先，将我们肉体中的血液与物质原料加以混合，由此造就我们的躯体；而他自己则赋予我们以具备思想能力的理智灵魂，使我们与各种野兽区别开来；他对善德的热爱是如此强烈，以至负责向他贡献祭品的皇帝仅仅将宗教与皇权结合在一起还是不够的；更为重要的是，皇帝必须具有德行并富于忏悔之心。在贡献祭品之前，皇帝应当闭门斋戒和以泪洗面来补偿他的过失。据说我们不可能达到像上帝这样的卓绝人物在进行思维和发出忠告时所具有的那种崇高境界，然而人们切记不要以为他高高在上，无暇思考尘世间的事情，因为我们的一切活动，都在他的亲自监督之下；而他用来评判我们行为的道德准则，就建立在我们的内心深处。

皇帝们始终把尊奉古代礼仪和举行这些宗教仪式，看作是他们的一个主要职责。作为这个国家的元首，他们既是实行统治的皇帝，又是从事教育的导师和主持献祭的祭司。

在他们的经书中，据说皇帝是唯一一个被允许朝拜上帝的人；上帝接受皇帝作为他的儿子；皇帝是上帝的威严在人间的主要继承人。上帝赋予皇帝以他的权威，委托皇帝来行使他的指挥权，并且将各种恩惠都集中在皇帝一人身上。

在这个帝国里，除了最高尚的人以外，没有人可以向天地万物之主贡献祭品。让君主屈尊地走下王位！让他在上帝面前卑躬屈膝！让他由此获得上天对其臣民的赐福！这就是君主最重要的职责。

因此，难以描绘这些皇帝用多么大的热情致力于朝拜和献祭活动；或者难以描述他们对于诸君之主的公正和仁慈所持有的见解。每逢灾难降临，他们便献祭于天（tien），乞求消灾弭难；但这并不是他们用来请求天的宽恕的唯一办法；他们还进一步反躬自省，认真检查他们内心深处那些可能会使自己招致惩罚的各种邪念和隐患。

1725年，由于一条主要河流河水泛滥，发生了一场可怕的洪水；高官显宦们坚持把产生这场灾祸的原因归咎于下属官吏们的疏忽渎职。君主①却回答说："不可责备下官，这是朕的罪过；这些灾祸困扰吾民，系因朕缺乏应有的德行。让我们想办法来纠正过失，减轻洪水造成的苦难；至于汝等所指责的下官，朕宽恕他们；朕只能责备自己缺少德行。"

① 指雍正皇帝。——译者注

勒孔特神父引用一个显著例证，来说明一位中国皇帝笃信宗教的态度。他说那是引自中国史籍，而我们认为值得将这个例证转述如下。

连续7年的可怕旱灾使得百姓一筹莫展：祈祷、斋戒、忏悔，所有办法都用过了却无济于事；这位皇帝不知道用什么方法来结束公众的痛苦和平息宇宙万物的统治者的愤怒。他对人民的热爱，使他想到奉献自身来作为祭品。他召集帝国的所有高层人士，宣布了这个慷慨捐身的计划；他脱去帝王的服饰，穿上草制的蓑衣；然后赤着脚、光着头，率领全体朝臣走到远离都市的一座高山。在那里，他先跪俯在地上行了九次叩礼，接着向天帝诉说了这样一番话：

“天帝，您不会不知道我们所遭受的苦难；这是我的罪孽而灾难却降临到我的臣民身上，我来这里以天地为证，虔诚地向您表示痛悔之意。至上的万物之主，请允许我恳求您的指点，那将使我能更好地警诫自己；请告诉我在对待自己的臣民方面，是什么使您如此动怒：是我的皇宫过于华丽吗？我将认真地改变这一状况。或许是我餐桌上的丰盛食物和美味佳肴造成了今天的这场贫困吗？那从今以后，在我的餐桌上将只会看到俭朴和清淡的饭菜。如果所有这些还不足以平息您应有的愤怒，如果您坚持要供奉祭品，那就看中我吧，天帝！我愿以身相祭，死而无憾，以此换得您对这些善良臣民的宽恕。让天降甘露来湿润土壤以解脱他们的贫困，让我身遭雷电轰顶以实现您的公正审判。”

我们的传教士说，这位统治者的虔诚感动了苍天。天空出现了阴云，并且普降雨水，后来帝国获得了普遍的丰收。

关于这个事件是合乎自然规律还是属于超自然现象，不需要在这里讨论；我们的目的只是要证明中国皇帝们的宗教信仰的内在含义，以及他们对自己臣民的热爱。毋庸置疑，这个传说已经加深了我们在这方面的认识。

中国崇尚和祭祀天帝延续达许多世纪，却未受到偶像崇拜的任何影响（法律一直禁止偶像崇拜）；历代皇帝都同样热心于崇奉和祭祀天帝；他们亲自耕种一块土地，将这块土地上收获的谷物、稻米和其他农产品统统用作祭祀天帝的祭品。

耶稣会士马加拉昂[①]说，中国人按照一年的四季，主要举行四次斋戒活动。先是举国斋戒淋浴三天，然后举行隆重的献祭仪式。如果发生瘟疫、饥荒、地震、特大洪水或其他社会灾难，中国人都要祈求上天的恩惠。每逢这个时候，官员们就得同他们的妻室分居；日夜守候在官府中；不吃荤，不饮酒等。皇帝本人也是独居宫室终日祈祷。

某些封建统治者想要亵渎这种宗教信仰，搅乱前代君王所建立的整套教规。他们利用幻觉来吓唬人民，采取看起来是神奇的种种办法，以此在人民中间唤起对鬼怪灵魂的敬畏。家里被说成是邪恶鬼怪经常出没的场所，平民百姓在筹集本来用于敬奉上帝的神圣祭品时，总是出于迷信而要求将这些祭品进贡给鬼怪；庙宇内充斥着喧嚷之声。有害的偶像崇拜就是由此产生的。这场迷信骚乱的煽动者总共有九人，皇帝通过严惩这九名煽动者，平息了骚

① 耶稣会士加布里埃尔·德·马加拉昂关于杰出中国人的传记的手稿集，葡萄牙文，“中国的杰出人物”（Doze Excellencias da China）。贝鲁将它译成法文《中国新论》（*Nouvelle Relation de la Chine*），巴黎，1688年。——英译本注

乱，而秩序也被重新建立起来。同是这位皇帝，他考虑到在举行神圣祭祀活动的地区聚居着一群游手好闲和生性骚动的平民，是一个不利条件，于是他确定一个地方专门用来举行献祭仪式，以与那些他用来向公众进行教育的场所区分开来。同时，他还任命两名高级官吏专管宗教礼拜事宜。其中一名官吏负责指导礼仪活动；另一名则负责监督对公众的教育。

关于灵魂不死的学说，在中国人的经书中很少予以阐释。他们认定，有德行的人，其灵魂接近于上帝；但他们从未明白地说明来世的惩罚是无穷无尽的。在这个问题上，他们承认天赐的公正，而不去推测它的审判。虽然如此，虽然他们断言上帝从无到有创造了一切，但我们不知道他们是否意味着现实活动产生于无，或者无先于有而存在。灵魂不死学说中这些神学上的细微之处，几乎不可能通过那种用以指导中国人的理性之光来加以澄清。然而，杜阿尔德神父说，毫无疑问，中国人相信死后存在着灵魂，并且，他们同一些希腊哲学家一样，认为构成人类肉体的物质不是永存的。

必须指出，在2000多年的时间内，中国始终是在上帝的名义下，尊崇和敬奉一个至高无上的生命体或宇宙万物的主宰，其中看不到一点偶像崇拜的痕迹。直到孔子以后的某些世纪里，才从印度传入了佛（如来佛）的塑像，而偶像崇拜者也开始侵蚀这个帝国。但是学者们坚信他们祖先的学说神圣不可侵犯，从未受到蔓延着的偶像崇拜的腐蚀。还有另外一个制度，它对中国的古老崇尚得以长存产生了重要的作用，这便是最高法庭制度。最高法庭的形成几乎同这个帝国一样古老，它的作用就在于谴责和制止各种迷信行为并发现其根源。这个最高法庭被称作礼制法庭。

凡是了解这个法庭法令的传教士们，都同意这样的说法，虽然组成这个法庭的成员作为个人，有时会诉诸各种迷信习俗，但是，当他们聚集在一起共同进行商议时，都一致谴责迷信习俗。

中国学者出于这种严肃的态度，使他们自己免于受到那种在其他平民中间流行的愚昧迷信行为的影响，而处于这种影响下的那些人，则把他们国家的英雄都置于神的行列之中。虽然中国人尊敬和景仰更加伟大的帝王，但他们从未达到狂热崇拜的程度。上帝是他们崇拜的唯一对象。某些人物由于他们的优秀品德和显著业绩，毫无疑问会得到人们的赞颂和公认；学者们会为这些可尊敬的人树碑立传，把他们的名字镌刻在配有简短颂文的匾额上，然后悬挂在用来纪念他们的殿堂中；可是他们从未打算用塑像或肖像的形式来描绘他们，那样就会导致偶像崇拜。

第二节　第一级圣书或正经

这类书共有五部。第一部名为《易经》或谓“变易之书”。这部古书神秘莫测，一直使中国的贤哲们深感困惑，特别是两位皇帝曾试图通过注释使其易于理解，却没有获得成功。释文只是使经文更感晦涩难解。后来孔子阐明了《易经》中谜一般的线条和注释者们的著述；他从中认识到对于国家统治极其重要的奥秘，并由此引申出许多杰出的政治和伦理格言。这些格言自他以后，一直是中国人的学问的基础。学者们最为尊重这部书，他们认为这部书的作者是伏羲，而伏羲则是学问和良好的统治之父。

五部典籍中的第二部被称为《书经》，或谓《尚书》，意思是“上古传说之书”，它记载了尧、舜、禹的历史，他们都是立法者和中国的早期英雄。这个历史记载中还包含许多杰出的格言和用于公共福利方面的良好准则，其历史记载的真实性，已为孔子以来的所有中国学者所公认。

第三部经书即《诗经》，收集了各种颂词、歌谣和典雅诗作。

第四部书名为《春秋》，不如前三部书那么古老；它完全是关于历史的记述，看来是《书经》的续篇。

第五部书叫作《礼记》，这是正经或经典书籍中的最后一部；它包括几位孔子弟子和其他一些作者关于礼仪和习俗的论著，涉及子女对于父母所承担的义务，妻子对于丈夫所承担的责任，举行葬礼应遵循的仪式，以及有关各种社会关系的一切礼仪习俗。这五部书被命名为“五经”。

第三节　第二级经书

第二级经书在中国人的心目中享有很高的声誉，他们把这些经书与以上圣书联系在一起；第二级经书总共有六部，其中五部是孔子和他的弟子们的著作。

第一部名为《大学》，或谓“伟大的学问”，其目的在于指导身居政府各部门要职的王公贵族。

第二部叫作《中庸》，或谓“折中的学说”。在书中，孔子论证人们看待一切事物应当不偏不倚（或指在我们的情欲和需求之间的中间道路）；他将遵循中庸所产生的巨大好处，昭示天下，而善德就存乎中庸之间。

第三部叫作《论语》，或谓“语录”，它分为二十篇，其中十篇是孔子弟子对这位哲学家所提出的各种问题，而其他十篇是孔子的答复。所有这些问题都围绕着德行、有益的工作和统治的艺术而发；这些论集充满了格言和道德原理，胜过于希腊七圣之语。

第二级经书中的第四部是孔子的一位弟子，即孟子先生的著作，并且以他的名字作为书名。这部著作以对话的形式，讲的几乎全是政府的良好管理以及建立起这种良好管理的办法。

第五部书题名《孝经》，或称“子女的孝道”，这是孔子的一部短篇论著；他把子女的孝道看作是所有义务中最重要的一项，并且居于善德的第一位；不管怎样，他认为如果子女不孝顺他们的父母，则官吏们也就不会服从他们的统治者，从而有害于公正原则和礼仪。

第六部亦即最后一部经书也最为晚出，它是由进士朱熹于1150年编辑而成。它的书名叫《小学》，意思是“初等教育”。它辑录了各种格言和例证，作者打算以此来造就年轻人的性格，鼓励他们实行善德。

应当看到，中国人对于道德和政治，根本未加区分；在他们看来，美好生活的艺术也就是良好统治的艺术，两门科学合二为一，彼此相同。

（连载第一部分完，见《公民日志》1767年3月号。）

第四节　中国人的学问

虽然中国人非常热衷于学问，而且在所有学识范围内都很容易取得成就，但是他们在纯粹思辨的领域内却鲜有进展，因为他们受到利益动机的驱使。[①] 不过，他们具有各种天文学的、地理学的、纯哲学的和物理学的概念，那对于处理各种事情可能是需要的。他们的主要研究领域是在更加实用的科学方面。他们研究文法、国家的历史和法律、伦理和政治，看来对于人们的品行和社会的幸福，具有更为直接的必要性。

如果说在中国，思辨科学没有取得什么进展，而对自然法的研究却已达到尽善尽美的最高程度，并且，如果说在其他国家，思辨科学得到很好的研究，而自然法却被完全忽略了，那么，这看起来好像是思辨科学无助于自然法的研究。但这是一个错误观点；各种真理的揭示都是相互补充的，这些不同的科学在哪里没有得到同样充分地研究，我们便在那里能发现与良好秩序相违忤的某些缺陷。在中国，思辨科学被忽视了，于是人们过分沉溺于迷信；在其他国家，研究活动很少用于自然法的研究，因而国家的统治是令人悲叹的；正是这样，使得中国而不是其他国家，更受到人们的关注。另外，与此相一致，为了激励青年人起而效法，应利用荣誉称号和晋升职位来奖励那些献身于自然法研究的人。

关于历史学，这是中国人一直以其无与匹伦的热情予以研习的一门学问。没有什么国家如此审慎地撰写自己的编年史，也没有什么国家这样悉心地保存自己的历史典籍。每个城市都配备一些编修人员负责编撰该城的历史；这不仅包括诸如革命、战争和王

① 魁奈的这个推论原来是以否定形式来表述的，即中国人不受利益动机的驱使。我冒昧地(在 1945 年)删掉了这个否定词。——英译本注

从上下文看，马弗里克删掉这个否定词是错误的，它违背了魁奈原意。——译者注

位继承一类极为突出的事件，而且包括同时代的伟大人物的言论以及有关那些杰出人士的颂扬之辞，不论这些人物是在艺术和科学方面得以显名，还是因他们的德行而著称。连各种特殊事件，例如出现怪物和其他罕见现象，也照样记载而不疏漏。每年官吏们都要聚集在一起审查这些历史记载。如果这些历史记载中由于无知或谄媚而夹杂着偏袒不公之辞，他们都要恢复事实真相以保持全部历史记载的公正无邪。

为了避免这些在我们自己的史学家中如此常见的各种缺陷，中国人采取的预防措施是，任命若干人们所公认的诚实正直的进士来撰写这个帝国的通史。指派一些学者记录皇帝的所有言论和行动，而且是每个人分别将这些言行逐日记录下来，禁止他们相互核对这些记录。这些史官必须将美事和恶行一并记录在案；君主在世时，绝不能打开收藏着他的言行实录的盒匣，甚至只要他的家族仍然在位，他死后也不能打开这个盒匣。但是，当王权转移到另一家族手中时，这些长年累积的言行实录便被汇集在一起，仔细加以比较以确认事实真相。每个王朝的编年史就是由此形成的。

印刷术这项技艺在欧洲是相当晚才出现的，而在中国自远古时代以来一直为人们所熟知。许多传教士都记述在公元前 600 年[①]已经运用了印刷术。中国人的办法与我们的完全不同。我们的字母表仅由少量字母组成，字母的搭配和组合便构成单词。因为字母表从头到尾只有 24 个字母，就要对字母进行多样、重复和

① 这个日期早了 1700 年。——英译本注

更新的排列，结果这些字母中的每一个都有许多构词形式足以组成最大数量的单词。在中国则与此相反，汉字的数量几乎是无穷无尽的，因为那种语言类型不是频繁地重复使用同一汉字。在那里，铸造8万个汉字大概是相当昂贵的，并且无疑要花费不少时间。这种困难便导致了另一种印刷术的产生，其印刷方式如下：要付印的著作由字体隽秀的抄写人誊清抄本；镌版匠将这个抄本粘贴在一个经过细心磨刻的硬木板上；他用镌刻工具刻出字体的笔画并将木板上的所有空余部分去掉和修平，不留下任何多余的痕迹；这样，要付印的著作抄本有多少页，他就镌刻多少印版；从事这项镌刻工作是如此精细，以致人们几乎难以分辨刻印本和原抄本。

在紧急情况下，还可以采用另一种印刷方法。将蜡覆盖在一块印版上，然后用一根尖细的刻具以惊人的灵巧将汉字摹写出来。一个工匠一天能够印刷2000页。

第五节　教育

没有任何一个都市、城镇或乡村没有教师向青年人讲授怎样读书和写作。所有的大城市都设有学院，在那里像在欧洲的学院一样，可以获得文科的学士和硕士学位。博士学位只能在北京获得。前两个学位的获得者可以充任地方行政官和所有政府机构的文职官员。

中国儿童在五岁或六岁开始入学。他们初学的内容由大约100个汉字组成，用来表示各种最常见的事物诸如日、月、人等，并且是以事物本身的形象来表示，这种书写方式对于集中注意力和记住各种单词，极有好处。

他们下一步的学习内容是一本叫作《三字经》的小册子，这本书以简洁的形式包括了所有必须记住的东西；它由许多三字一组、合辙押韵的短句所组成。虽然这本书有上千句之多，仍然要求小学生把它们全部记住，先是一天背五六句，以后随着记忆的加强逐渐增多。小学生必须一天两次背诵他所记住的课文内容，如果他有几次背不出，便当场受到惩罚。惩罚的方式是让他趴在板凳上，用一根像板条一样的扁平棍子打他的屁股 10 下或 12 下。小学生从不因节假日而中断学习；为了使他们始终保持着专心致志的精神，他们的假期只有年初的一个月和年中的五六天时间。由此可见，在这种低年级学校中，不像在我们的学校中那样，仅仅是讲授如何读书和写作。在那里，教学同时包含着培养正确无误的理解力。

四书是包括孔子和孟子学说在内的四本经典著作，学生一进入学习四书的阶段，便规定他们不得阅读其他任何书籍，直到单凭记忆就能讲出四书的全部内容为止。

在学生们学习以上书本的同时，还教他们用毛笔描字；最初是给他们一大张纸，纸上已用红颜色写好了一些很大的字，他们使用黑墨来摹写这些红字。经过这种最初的基本笔画的摹写练习之后，他们会得到一些字写得比较小的黑字字帖；他们用一张透明的白纸来摹写这些黑字。中国人高度重视书法艺术，他们花费大量的精力谆谆教诲书法的正确原理。当学生们认识了足够多的文字可以用来写作时，便给他们出一个作文的题目。作文题目通常是引自经典著作中的一句话；有些题目只有一个字，必须揣摩它的含意。作文的文体应当是简明扼要。为了确保学生的学业进步，一些省份的惯例做法是把一个家族内的所有学生集中在他们共有的祖先祠堂里，让他们撰写作文。在那里，每个家庭的家长轮流做东，依次指定一个作文题目，并且须为学生们准备一顿饭；如果某个学生无故缺席，他的父母必须交纳20索尔罚金。

除了由每个家长布置特别的和非正式的作业以外，在每年的春季和冬季，必须由教师命题对年轻人进行两次考试。而且，这两次考试有时是由京官、学者或城市总督拟订其他一些试题进行考核，他们对那些取得最高分数的学生授予奖品。

一些富裕的家庭为他们的子女延聘举人或进士作为家庭教师。这些举人和进士不仅向学生们讲授文字的基本笔画，而且教导他们学习礼貌规范、历史和法律。这种家庭教师的职位既有利可图又受人尊敬。子女的父母非常尊重家庭教师；“先生”，“我们的老师”或“我们的博士”，便是称呼家庭教师的各种名称。而且，学生们在今后一生中都保持着对自己老师的深深的敬意。

教育人民是官吏们的一项主要职责。每月的初一和十五，所有地方官吏都聚集在一起举行仪式，由其中一人向百姓发表演说，演说的内容总不外乎是父慈子孝，服从地方官吏，以及一切有利于维持安宁与和谐的事项。

皇帝本人不时召集朝廷的王公贵族和北京政府的高级官员发表训示，训示的主题来自各种经书（《旅行通史》）。

官吏们必须每月两次对百姓进行教育，这是该帝国的一项法令规定，而且这种教育还必须建立在以下16条准则[①]的基础上。

1.敦促晚辈恪守孝道，力劝他们尊重长辈，以此教育青年人知道他们应当怎样遵奉基本的自然法则。

2.敦促官吏们在家族内部永远尊崇其祖先，以利于统治的安宁与和谐。

3.官吏们要使所有的村民团结一致，避免争吵和法律纠纷。

4.官吏们要高度重视从事耕作和从事栽培桑树的工作，如此则将不乏食用之谷或穿戴之衣。

5.官吏们要使自己养成节约、俭朴、克制、谦逊的习惯；按照这些习惯方式，每个人才能使他的行为和他所处置的事物符合于正常状况。

6.官吏们要以各种方式赞助公办学校，以便年轻人在那里受到良好的道德教育。

7.每个官员都要致力于自己的工作，以此作为安心乐业的可靠办法。

8.官吏们要将宗派和邪恶消灭于萌芽之中，为的是维护正确和有效的学说的纯洁性。

9.官吏们要向百姓讲解所制定的各种刑法，以便百姓在履行自己的义务时，不会变得难以对付和不守规矩。

10.官吏们要教育每个人透彻地了解各种礼仪和礼貌规则，目

① 这是康熙在1691年发布的一项敕令；由他的继任者予以进一步阐述，见第129页和第137页。——英译本注

这里的页数是指马弗里克：《中国：欧洲的模范》英文版原书中的页数。——译者注

的在于保持社会的良好风俗和温文有礼。

11.官吏们要时时注意管束好自己的子女和内亲，为的是防止他们陷入腐化堕落和无节制的纵欲。

12.官吏们切忌诽谤中伤，以避免流言蜚语可能伤害无辜和忠良。

13.官吏们不得包庇罪犯，以免触犯他们自己所定的刑律。

14.官吏们要按期交纳所规定的赋税，以免自己受到税收官员的审查和催扰。

15.官吏们要同地方当局协调行动，以防止各种抢劫事件和罪犯逃脱。

16.官吏们要忍而不怒，这是使自己免遭各种危险的一个办法。

认真执行这些训示是官吏的职责，这就使官吏们受到更多的约束，因为他们有责任处理在其管辖范围内所发生的各种犯法行为。如果在一个城市里发生了一起抢劫案或一桩谋杀案，官吏必须将强盗或凶手缉拿归案，否则便会受到革职的处罚。

帝国的官方公报是进行教育的另一种方式；这个公报刊载历史上的教训，介绍各种各样的例证，以此激励人们尊崇美德，厌恶陋习；它向人民通报各种法令，各种正义行为和政府需要加以警戒的事项。在那里可以看到被解职官吏的名单并附有他们遭此羞辱的原因：一种是过于严厉，一种是太多宽容，再一种是玩忽职守，还有一种是疏于判断。这个公报对于准予支付的款项和必须紧缩的费用等，也加以报道。它详尽叙述朝廷的判决，各省发生的诸种灾害，以及当地官吏按照皇帝的敕令所采取的各种赈济措施。统治者的经常性和非经常性经费支出的摘要，高级官员们就统治者的所作所为而给予他的规劝，皇帝对其臣属所做的表彰或谴责等，统统包括在公报里面。简而言之，公报忠实、具体和详细地报道了帝国内的一切事务。它每天在北京刊印，发行到帝国内的所有省份；尽管它尚未将该帝国以外所发生的事情包括在内，但已经构成一本 70 页的小册子。负责编撰公报的人在公开出版公报以前，总是必须将它送呈皇帝御览，其主管官员严禁在公报中添加哪怕是具有些微疑问或会引起点滴责难的内容。1726 年，两位编撰者因为刊登了某些经证实是不确切的报导，结果被判处死罪(《杂录与奇谈》)。

因此，在中国，这些记载着国家基本法规的书籍很容易得到，连皇帝也必须遵守这些法规。一位皇帝曾经自负地试图废除这些法律，但是法律战胜了暴政。

第六节　科举

中国人的子孙在完成了小学学习以后，那些命中注定要受更高教育的人，便开始走上谋取各种学位功名的道路，以便能够跻入受人尊敬的学者阶层。未获得这些学位的那些人不能享有任何荣誉；他们分散在民间，并且不得担任一切政府职务。

学者被分为三个等级，与他们所获得的三种不同的学位相一致。为了获得这些学位，候选者们必须通过几次考试。他们经历的第一次考试是在自己的出生地由地方官吏进行的。

巡察使的职责是每三年在全省各处视察一次。在每个较大的城市，他都要把当地所有秀才出身的人召集在一起，亲自了解他们的品行，检查他们的作文，褒奖积极进取和富有才华者，惩罚荒疏学业和投机取巧的人。身为秀才而未参加这种三年一次的检查，便被取消秀才出身，恢复他作为一名普通百姓的身份，除非他由于患病或为其父母服丧才得以宽恕。

第二级学位是举人，为了得到这个学位，人们必须通过在各省首府举行的一种考试，这种考试每三年只举行一次。朝廷专门派遣两名朝官来主持这个考试，各省的高级官吏也同时参加。所有的秀才必须到场，有时达一万人之多，但在这个人数中，仅有不到60人晋升到举人。中举者的礼服为褐色，带有四指宽的蓝边，而礼帽上的缨带是金黄色的。

举人为了获得进士学位，必须在第二年到北京去参加角逐；他们赴京的旅费由皇帝支付。满足于获得举人身份的那些人，可以省掉到北京的旅行，而这并不妨碍他们就职工作。有时，仅仅达到举人的地位就能升任高级职务。众所周知，一些工匠的儿子就是通过这一途径成了总督。但是，他们一经接受公职，也就放弃了获取进士学位的候选人资格。

没有就职的所有举人按照规定赴京参加三年一次的考试，这被称作殿试；皇帝亲自决定作文题目；他关切地注意考试情况，并要求严格地评审考试成绩；而他被看作是最终评判人。这种考场常常能容纳五六千考生，其中只有150人可以被授予进士学位。

前三名进士享有“天子门生”(tien-tzu men-hsing)的声誉，换言之，是“天的门徒”(更为常见的称呼是状元)之意。在其他的进士中间，皇帝还选择一定数量的人授予其翰林头衔，也就是第一等级的进士。这些人在宫廷内组成一个特别机构，他们所担负的职责是很荣耀的。他们负责编撰历史，在重大事务上向皇帝提供咨询；被派往各省负责对那些谋求举人和秀才学位的考生进行考试的主考人，也选自这个机构。其他的中选者也被称为进士。皇帝赐给每个新科进士一个银钵、一把蓝色丝伞和一顶华丽的轿子。

中国人一旦获得进士的荣耀称号，即无必要再为贫困而担忧；对他来说，这个称号本身就是一种保障。他除了能从亲戚和朋友那里收到不计其数的馈赠礼品以外，他肯定会被任命在最重要的政府机构内任职，而且每个人都在想方设法地保护他。为了向他表示敬意，他的家族和朋友们一定要竖立漂亮的庆贺牌楼，在牌楼上刻上他的名字以及他获取进士学位的年号。

第七节　财产所有权

在中国，财产所有权是相当安全的。我们以前已经看到，财产的权力甚至被扩大到奴婢或契约佣人，而在整个帝国内，子女都是按照继承权的自然秩序来继承自己父母和亲戚的遗产。关于一夫多妻制，这种中国的风俗与希伯来人在埃及被监禁以前所实行的家长多妻制，非常相似(《杂录与奇谈》)。

虽然按照法律，一个中国人只能有一个合法的妻子，而且选择妻子还得考虑到在地位和年龄上相互般配，不过也允许有几房妾室。不管怎样，允许纳妾的唯一理由就是他死后不能没有子女后代。这个法律只准许那些妻子已到四十岁而没有子女的男人享有纳妾的自由。

当丈夫想要娶第二个妻子时，他得支付一笔定金给女子的家人，并立约向他们保证要好好对待她。第二房妻室的地位肯定不如合法妻子，她们必须尊奉合法妻子为家庭的女主人。她们的子女被看作是属于第一个妻子，只有第一个妻子才能享有母亲的名义。这些子女在这种独特的宽容情况下，有权与合法妻子的子女一起成为父亲遗产的继承人。这里若有什么的话，那就是显示了这个帝国内继承权的范围和财产权的安全。

第八节　农业

在中国，下层社会几乎完全靠谷物、香草和蔬菜生活，菜园的耕种之普遍与良好，世界上任何地方都无法与之相比。城郊地区没有抛荒之地，没有树木、树篱或沟壑，哪怕是最小块的土地，他们都唯恐没有加以利用。

在南方各省，尽管土地高低不平，小山甚至大山都被从山底到山顶层层加以开垦。没有什么比每座山的绵延的山坡都像佩戴王冠一样被上百层重叠的梯田沿着山地的轮廓环绕着更加使人赏心悦目；令人惊奇的是，人们看到那些在别处几乎连荆棘或灌木都难以生长的土地，在这里却变成肥沃的明媚美景(《旅行通史》)。

这个国家通常一年收获三茬庄稼，第一茬是水稻，在这茬水稻收割之前便播种第二茬庄稼，而第三茬是豆类作物或某种谷类作物。中国人不遗余力地收集各种适于肥田的垃圾，而这也大大有助于保持城市的清洁。

所有我们在欧洲所熟悉的各类谷物，诸如小麦、稻米、燕麦和小米以及豌豆和蚕虫，在中国都生长得很好。

习惯的做法是地主拿走收成的一半并且缴纳赋税，另一半则留给租地农民以偿付他的耕作费用和作为他的劳动所得。在那里，由于土地不负担教会的什一税，所以农夫的所得部分与这个国家的租地农民的收入完全相等。各省的土地都能得到良好的耕种。

在中国，租地农民的地位高于商人和手工业工人。

在欧洲有某个王国至今尚未意识到农业或财富的重要性，农业生产或财富的获致必须预先准备适于耕作的土壤，而准备这种土壤的只能是具有突出才能和拥有大量财产的个人；在那个国家，租地农场主被看作是无知的农夫或劳动者，他们的地位被固定在城市的一般居民之下。（见多马[①]的《民法》，由此你将会知道这是指哪一个王国，以及那里社会的基本法则方面存在着什么样的观念。）

相反，在中国，农业总是受到尊重，而以农为业者总是获得皇帝的特别关注；在这里，我们不必具体地叙述这些统治者一直赋予以农为业者的各种特权。

康熙皇帝的继位者（雍正）制定了各种法规，全都有助于树立起尊重农民的观念。除了他自己通过亲自犁田和播种五谷来提供一个耕作的榜样而外，他还敕令所有城市的总督每年在他们所管辖的地区，挑选出在努力耕种土地、享有诚实正直的声誉以及具有

① J. 多马：《符合自然秩序的民法》（*Lois civiles dans leur ordre naturel*），巴黎，1717 年，另一版本出版于 1767 年，两卷本。——英译本注

聪明而丰富的管理才能方面最杰出的农民。这位值得尊重的农民被选拔到八品官的地位，并且享有崇高的称号以及所有从属于其官位的特权。

舜帝曾规定了一条法律，明确禁止地方长官征调农民离开他们所从事的农业事务而将其用于强迫劳役。

尧帝不让他的儿子继承王位，也是将王位禅让给一位其才智与诚实均受到高度赞扬的青年农民。后者在实行了一段辉煌的统治之后，又把王权交给禹。禹通过运河的创造，找到了将淹没部分帝国的洪水引导入海的办法，并且利用运河通过水利灌溉使土壤变得肥沃。正是由于他被晋升到王位以及上述业绩，农业才出现了如此显著的繁荣(《杂录与奇谈》)。

对于农村居民来说，春季有一个节日，它的内容是抬着一头双角被涂上金色的泥制大牛到田野里。这个泥牛十分巨大，40 个人抬着它都很吃力；紧跟着它的是一个幼童，这个幼童一只脚赤裸着，另一只脚穿着鞋，手拿一根枝条抽打着泥牛，好像是在赶它前进；这个小孩象征着勤劳。围绕着这头泥牛的是一大群携带着各种农业劳动工具的农民，走在这支队伍末尾的是一个化装戏班。

这一大群人通常是走到总督或地方长官的官邸处。在那里打破这头泥牛，从它的肚子里拿出许多早已装在里面的小泥牛(象征着丰产)，并分给围观者。然后官吏发表一番讲话赞扬农业，这个仪式也就由此宣告结束。

第九节 依存于农业的商业

众所周知，中华帝国有着极为丰富的各种产品的供应，由此很容易想象出这个国家的商业是相当繁荣的。但是，因为中国人在他们本国内部得到了所有的生活必需品（并且由于众多的人口提供了一个市场，可以保证在这个国家以内消费掉所有这些商品），所以他们的对外贸易与国家的规模相比，是很有限的。主要的贸易活动是在这个帝国内部进行的，同样的东西在帝国内各个地区的供应情况并不一样。由于每个省都有它的需求并且有它自己的地方特产，如果不是因为这个事实，即各省相互交换它们各自的有用产品，那么，所有省份都将陷于贫困。在一个周围边境长达1800里格的国家里，现有的流通范围显然已经提供了一个非常广阔的商业领域；而且据史学家们说，在中国国内所进行的商业交易活动是如此巨大，以致全欧洲的贸易活动都不能与之相比拟。一个纯粹的国内贸易对于那些认为国家为了增加货币财富必须与外国人进行贸易的人来说，似乎是完全不适当的。他们也许未曾注意到，最大可能的富裕存在于最大可能的消费之中。这种消费的来源存在于每个国家的领土之内，而国家的领土是金银的来源，无论金银是采自矿山还是用其他产品换来的。拥有矿山者为了扩大他们的消费而出售其金银矿产，利用这些就其本身而言并没有什么用处的金属物；未拥有这种金属物的那些人购买它，仅仅是为了使他们在购物过程中的交易活动更为便利，除了这一用途以外，他们也不让它成为自己的负担，因为购买金银所用的财富，比起这些

金属物本身更加为人们所必需，并且因为一个人购买金银越多，他减少自己的消费也就越多，而消费才是真正的富裕。再者，各国进行贸易活动，其目的仅仅是为了消费，但它与商人的贸易活动混淆在一起，商人经商作为一种服务性行业，是很赚钱的，而且随着他们的经商活动向远处扩展，赚的钱也就更多。各国越是能够大量地节省这笔费用，甚至不惜侵害商人们的巨量财产，它们为消费以及为必要支出而获得的利益，也将越多，这种必要支出用于各种财富的不断再生产，而这些财富产自土地并且为国家和君主提供各种收益。

在中国，许多条运河沟通了各个省份，所以各种商品货物的运输非常容易。交通运输和市场销售十分迅速；自利心支配着中国人民的情感，促使他们不停地从事经营活动；城市和乡村里的一切都处于运动之中；公路上人流的拥挤犹如我们商业城市的街区，而这整个帝国看起来就像是一个庞大的集市。

不过，据说他们的商业活动有一个缺陷，即缺乏良好的信义：中国人不满足于尽可能地贵卖，他们还制造伪劣商品。他们的信条之一就是，购买商品的人总是尽可能少付钱，如果可以的话，他甚至连一文钱也不愿付。他们由此从另一方面做出推论，如果购买者在为商品支付时十分糊涂和无知，那么商人也可能索取和获得最昂贵的金额。他们说："这不是商人在进行欺骗，而是购买者自己在欺骗自己；卖主没有使用暴力，他所获得的利润是他辛勤劳动的收获。"

旅行者们曾在欧洲传播这样的观念，使人相信中国人在他们的贸易活动中确实具有这种掠夺行为；他们甚至举出在那里弄虚作假的各种例证。根据这些例证来看，情况是相当严重的，应当受到指摘，因而人们很可能由此得出结论，认为在中国进行抢劫和掠夺可以不受到惩罚。可是，在那里，公众对最微不足道的罪过都要实行最严厉的惩罚，这种惩罚甚至被扩大到用于监督民间的庆典活动，唯恐庆典活动毫无节制。散布这类传闻的那些人依我看来，他们肯定是把中国人在广州口岸同欧洲人所进行的买卖交易，也就是将这种交易双方都在企图从中欺骗对方的新兴生意活动，与这个帝国国民之间的贸易活动混淆起来。这个政府对国外贸易没有什么兴趣，它容忍那里的欺诈行为是因为它难以惩治那些远离本国达 3000 里格，一旦卖掉他们的商品便消遁而去的外国商人。我们有许多例子表明，一些很值得称赞的国家被对外贸易的污染腐蚀了。看来在这场贸易争夺中，中国人已经变得比欧洲人更加精明，他们运用这一竞争技巧更加沉着；而且他们来到我们的口岸进行贸易活动从未失手，这些商人定期来访，为人们所熟知，并且在那里建立起良好的信誉。不能想象在一个国家内，居民之间可以靠相互弄虚作假来进行贸易。相互欺诈的双方有何利可图呢？这只会引起令人棘手和非常麻烦的纷乱，从而使日常的商业活动变得十分困难，几乎不可能进行。甚至更不能想象这种欺诈现象是发生在像中国这样的一个文明国度中，在那里贸易方面的良好信誉和诚实、正直一直是令人瞩目的；这是孔子伦理学的主要论题之一，而在这个帝国内，伦理就是法律。

由于中国的国内商业相当繁荣，所以居民们很少花工夫去扩展国外市场，这样，当人们注意到他们对待外国所采取的藐视态度时，也就不会感到奇怪了。对外贸易是很有限的；广州、厦门和宁波这些沿海城市，是仅有的几个可以装运货物出国的口岸。他们的海路航运很少到更远的地方，几乎未曾通过海峡地区，他们的海运航行通常是驶往日本、暹罗湾、马尼拉和巴达维亚(Batavia)[①]。

对外贸易除了商人，即那些在很大程度上靠损害他们同胞的利益而能够由此发财致富的人以外，或许对致力于对外贸易的各个国家的繁荣更有害而不是有益。他们跑这么远去寻求的各种商品，不外乎是些昂贵的无聊之物，用以维系有害的侈靡生活。可以列举出许多国家，它们常常依赖于在世界各地所从事的这种贸易活动，但是，除了它们的商人获利之外，这些国家并没有繁荣。

① 此系印度尼西亚首都雅加达(Jakarta)的旧名。——译者注

第三章　实在法

第一节　基于伦理的法律；正经；孟德斯鸠先生

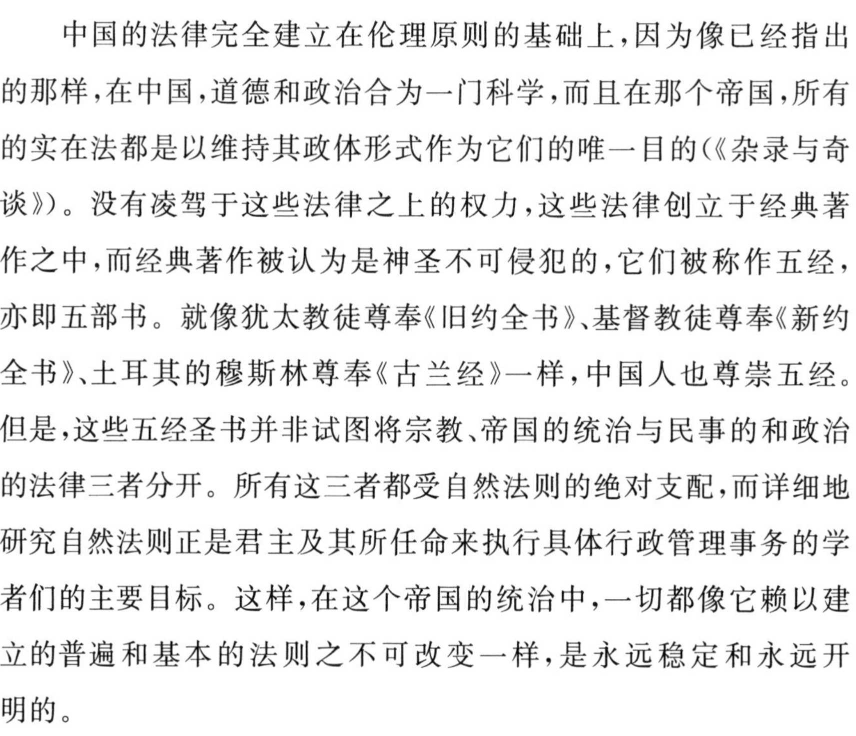

中国的法律完全建立在伦理原则的基础上，因为像已经指出的那样，在中国，道德和政治合为一门科学，而且在那个帝国，所有的实在法都是以维持其政体形式作为它们的唯一目的(《杂录与奇谈》)。没有凌驾于这些法律之上的权力，这些法律创立于经典著作之中，而经典著作被认为是神圣不可侵犯的，它们被称作五经，亦即五部书。就像犹太教徒尊奉《旧约全书》、基督教徒尊奉《新约全书》、土耳其的穆斯林尊奉《古兰经》一样，中国人也尊崇五经。但是，这些五经圣书并非试图将宗教、帝国的统治与民事的和政治的法律三者分开。所有这三者都受自然法则的绝对支配，而详细地研究自然法则正是君主及其所任命来执行具体行政管理事务的学者们的主要目标。这样，在这个帝国的统治中，一切都像它赖以建立的普遍和基本的法则之不可改变一样，是永远稳定和永远开明的。

孟德斯鸠先生[①]补充说："在中国，习俗是不能破坏的；他们把法律和风俗混合在一起。……立法者们所做的尚不止于此；他们把宗教、法律、风俗、礼仪都混在一起。所有这些东西都是道德；所有这些东西都是品德；这四者的箴规，就是所谓礼教。……这就是如何实现宗教、道德、礼仪的这种结合。……中国的立法者们认为政府的主要目的是帝国的太平。在他们看来，服从是维持太平最适宜的办法。从这种思想出发，他们认为应该激励人们孝敬父母；他们集中一切力量，使人恪遵孝道。他们制定了无数的礼节和仪式，使人对双亲在他们的生前和死后，都能克尽人子的孝道。要是在父母生前不知尽孝，就不可能在父母死后以应有的仪式来敬奉他们。（'敬奉亡亲的仪式和宗教的关系较为密切'——这句话被魁奈删去了）。侍奉在世的双亲的礼节，与法律、风俗、礼仪的关系较为密切。不过，这些只是同一法典的不同部分而已；这个法典的范围是很宽广的。尊敬父母就必然和尊敬一切可以视同父母的人物，如老人、师傅、官吏、皇帝（至高无上的人）[②]等联系着。对父母的这种尊敬，就要父母以爱还报其子女。由此推论，老人也要以爱还报青年人；官吏要以爱还报其治下的老百姓；皇帝要以爱还报其子民（以及造物主对待人类的宽厚仁慈）[③]。所有这些都构成了礼教，而礼教构成了国家的一般精神。"

① 见《论法的精神》，第十九章（日内瓦，1748年）。——英译本注

② 括号里有关上帝的这两个说明，都是魁奈在引用孟德斯鸠的原话时添加的。——英译本注

③ 同上。

第二节　皇帝的绝对权力受到制约

在那个帝国，没有哪项官府的决定可以未经君主的批准而具有法律效力。君主本人所颁布的各项敕令，如果不是违反习俗或侵犯公共福利，应由总督和各省官员记录在案，并在他们的管辖地区内到处张榜公布，自此以后，这些敕令便成为永远有效和确定不移的法律。但是，在这个帝国内，即使是由皇帝颁布的敕令或法令，也只有在最高审议机构核查注册之后，才能生效。

关于这类事情的证明材料，人们可以在《富于教益和令人好奇的书简》(*Letters édifiantes*)第 25 卷第 284 页看到。传教士们之所以未能从那位赞许基督教的皇帝所颁布的一项敕令中得到什么好处，就是因为这项敕令没有经过核查并且履行通常的正式手续。

劝谏皇帝的风气，一直受到中国法律的鼓励，监察机构和高级官吏们总是直率和勇敢地进行劝谏。他们真诚而大胆地告诫皇帝：使用权力要有所节制，这是加强而不是削弱他的权力；如果他所颁布的这种或那种法令违反百姓的利益，他应当取消这些法令或者对它们加以修改；在他的亲信中，任何人倚仗他的恩宠来压迫百姓，都应当剥夺其所掌管的权力，并且根据其为非作歹的违法行为予以惩处。

万一发生这类事情，比如皇帝不听从这些规劝，甚至对那些敢于维护公众利益的官吏发泄他的不满，那他将遭到人们的蔑视，而那些仗义执言的官吏却会受到高度赞扬；他们将名垂青史，人们会永远以各种形式的赞美之辞和敬仰之情来歌颂他们。即使有某些居心险恶的皇帝采取穷凶极恶的残暴措施，也不能阻止那些敢于直谏的官吏们；他们前仆后继，置死亡的威胁于不顾。譬如第一批人因直言劝谏而被处以最为残忍凶狠的酷刑，他们死后第二批人又挺身而出。那些严酷的儆戒措施并未使他们的劝谏热忱有丝毫减退，他们连续不断地舍身相劝，一个倒下去，另一个又站出来，直至暴君为他们的勇气所慑服，被迫接受他们的劝告。不过，在中国，凶恶残暴和固执己见的皇帝是非常少见的；他们所实行的并不是野蛮残酷的统治。中国的基本法完全不受皇帝的支配。在那里，暴行受到人们的憎恶，而且一般说来，情况刚好相反，君主们常常是树立了一个良好品行的典范；他们经常告诫自己，不要陷于错误之中而不自知。

近来有一位皇帝在他亲笔朱批的一个书面劝勉令中，倡导所有的官吏不论其职位高低，都有权提出奏折；有权对那些可能有助于国家幸福的各种事情，从实际情况出发参预议论；有权向皇帝呈报他们的意见；并且当他们发现皇帝的言行有什么不妥时，有权给予批评而不受约束。由君主颁发这类劝勉令，在中国屡见不鲜。

被称作“御史”(k’ao li szu)的官员们一丝不苟地进行调查研究，甚至面对皇帝和皇亲贵戚也无所畏惧。这些检查官通过专门的奏折向皇帝报告官吏所犯的错误；这些奏折在整个帝国内广为流传，并且提交吏部(li pu，即掌管文职官员的部门)去解决，通常都是对违法者加以惩处。这些官员的权力相当大，而且与他们的权力相适应，他们有着不屈不挠的顽强精神。连皇帝本人在他的行为触犯了国家法律和规定时，也不能免于受到他们的批评。中国史籍记载了一些有关他们的果敢和大胆举动的惊人例证。如果法庭或审判机构对他们在控告中所提出的正当理由企图采取回避的态度，他们就会再次提出这个控告，没有什么事情能够使得他们转变思想，放弃控告。他们中间曾经有人对一名在法庭中有身居高位者支持的总督，提出控告达二年之久，他们从未因时间耽延而丧失信心或者因威胁恐吓而畏首畏尾；最后，他们终于迫使法庭褫夺这个被告的官职，平息了百姓的不满情绪[见《密谋与密约史》(*Histoire des conjurations et conspirations*)等]。

世界上恐怕没有别的国家能像在中国那样更自由地对君主实行劝谏。最近有一位皇帝，在他的统治下，一位曾对国家做出过很大贡献的统领各军的将军，违反其职守而干出种种严重违法乱纪的事情。对这位将军提出的弹劾主张处他以死刑。然而，鉴于他的功绩和地位，皇帝要求所有的主要官吏都要出庭对这一事件发表自己的意见。一位官吏当场奏称这位将军应当被处以死刑，但同时他又向一位身居高位的大臣提出弹劾，认为这位大臣比那位军事统帅所犯的罪行更严重。皇帝很喜欢那位大臣，因此对这个官吏敢于提出弹劾有些吃惊，不过皇帝没有显露出不悦之色。他把奏疏退还给这位官吏，并在奏疏上面亲笔批写了如下一句话："如果朕的大臣是有罪的，那你应当弹劾他，但是你要指明他的罪过并出示你所掌握的有关这些罪过的全部证据，而不是泛泛而论。"这位官吏这样做了，他不怕皇帝动怒，阐述了他提出弹劾的各项要点，让皇帝了解到这位大臣滥用皇帝对他的信任，通过各种强征勒索手段鱼肉百姓；并指控这位大臣是一个不顾声誉，常常按照谁给他的钱最多来决定支持谁的人。提出弹劾的这位官吏说："如果这个卑劣的大臣可以靠吮吸百姓的血汗来发财致富，无异于允

许践踏法律，蔑视理性和触犯天帝，而犯有这样多罪行的人不受到惩罚，难道只是因为他与皇室家族有亲戚关系吗？陛下可能会说：朕宽恕他。但是法律会宽恕他吗？促使我去检举和上疏的，正是我对这些神圣法律的热爱。”这些规劝产生了效果。这位大臣后来被褫夺所有官职，革出朝廷，并被发配流放到一个边远省份（《杂录与奇谈》）。在文学研究院（Academy of Belles-Lettres）的出版物中，有一份弗雷莱先生的报告①，其中可以看到与此相似的值得注意的两个例证。另外在勒孔特神父的著作中，也能看到同样值得注意的例证。

第三节　帝国朝廷的机构

在北京，有六个最高行政机构，它们各自的职能如下：

第一个被称为吏部，它负责任命统治百姓的各类官吏，并对帝国内所有官吏的所作所为加以监督；它还负责保管各种印玺。

第二个被称为户部，它负责征收赋税和掌管各项经费。

第三个被称为礼部[礼部的“礼”(li)与吏部的“吏”(li)在中文里是两个不同的字——英译本注]，它负责维护帝国的习俗和礼法。

第四个被称作兵部，它的管辖范围包括军队以及所有由皇帝拨款修护的公路沿线所设置的各种驿站。

① 见《铭文与文学研究院论文集》(*Mémoires de l' académie des inscriptions et belles-lettres*)，1936年，10卷本。——英译本注

第五个是刑部，负责审理严重违法案件。所有重要的罪案都由这个部门最后定案。只有它有权不经上诉就做出死刑判决；但是它要在皇帝批准这个判决以后才能对罪犯处以死刑。

掌管公共工程以及所有港口和航运事业的部门，被称作工部。

在这六个最高朝廷机构之下，还设有许多较低层次的行政机构；而在这些朝廷机构之上，则只有皇帝和主要的顾问班子，这个顾问班子被称作“阁老”(kolaos)的机构，由四或六个像国务大臣一类的官吏组成。六个最高行政机构所属的各个部门，按照我们的说法，分别由国务秘书、大法官和财政的主计长掌管。所有这些机构的活动都受监察官员的严密监督，这些监察官员非常严格、非常细心；他们一般不参与国家事务，除非皇帝向他们通报情况或者把事情交给他们去处理。如果一个朝廷机构需要另一个朝廷机构的协助，他们便聚集在一起商量和研究，按照帝国的惯例和事务本身的需求来安排资金和部署军队。除此以外的其他场合下，每个朝廷机构所关心的只是它自己管辖范围内的各种事务。

在一个疆域如此广袤的王国内，筹措资金，指挥军队，管理公共工程，选拔官吏，维护法律和风俗，以及执法审判，都需要这些主要行政机构能够自由地行使他们的职权，这是很容易理解的。这就需要在朝廷和各省配备大量的官吏。

第四章　租税

这个帝国的臣民们必须缴纳的租税数额，是以他们所拥有的土地面积作为标准，而每块土地面积又按其肥沃程度来摊派税额。在近代，只有土地所有者一直交纳租税，而耕种土地的人则不必缴纳此税。

任何土地都不得免税，甚至连寺院周围的地产也不例外。对于拖欠税额者可能将他们的地产没收充公，那样做会使这些家庭破产，从而使他们变成靠赈济的人。从春耕到秋收期间，不能打扰农民；过了这一时期，便可以从他们收获的产量中得到一份实物或货币形式的摊派税额；如果他们不纳税，就把每个城市中那些靠君主赈济为生的穷人和老人安排在他们家里，让这些人住在那里一直到吃光他们拖欠皇帝的税额为止。这种安排仅仅适用于那些耕种他们自己的某块地产的小土地所有者，因为像我们刚才提到的，耕种土地的租地农民免于征税，否则，如果要求租地农民缴纳租税，耕作费用将会由于这种支付而减少，就像在法国所产生的情况那样，那里对土地所有者的所得征收廿一税（1/20 的土地税）。因此，由租地农民完成这种支付，无论是以这一种形式还是以另一种形式进行，都是不必要的，不要使租地农民面临受到处罚的危险。杜阿尔德神父写道，那里每年的税收总额以我们的货币计算，达 10 亿之多。但是，考虑到皇帝所统治的这个国家的规模，这笔税

额并不算大，由此证明那里的财产价值虽然很高，财产的纳税却相当少。

皇帝在国家需要时可以增加赋税，但除了迫切需要的情况以外，他很少使用这一权力。甚至形成一个惯例，每年都要蠲免一两个省份应缴纳的税收份额，也就是在这些省份不论是遇到瘟疫流行还是遭受其他灾害时，都予以蠲免租税。

北京的第二个最高行政机构被称作户部，像我们已经指出的那样，它负责掌管各项经费。所有的国家税收都要经过户部之手，而帝国的国库也委托由它来管理。在那个国家，既未听说有纳税的租地农民，也未听说有专门的税收官吏。租税的征收由每个城市的主要地方官吏负责。这些地方官吏向设置在各省的财政总监提交税收账目，再由财政总监负责向户部汇报，而户部则负责向皇帝禀报。

按照中国政府的古老原则，君主被看作是一个大家庭的家长，皇帝为自己的官吏提供他们所需要的一切东西。地方贡赋中的各个部分分别被用于所有各级官吏和其他吃皇粮人员的薪俸，穷人、老人和伤残者的供葬费；用于军费支出，公共工程费用，帝国的驿站和所有公路的维护费；用于科举考试的开支，谋取科举功名者的赴考旅费；用于供给皇室公子和公主们的花费，皇帝批准拨给受灾省份的救济品，皇帝为鼓励优异者和树立良好榜样而颁赐的各种奖赏；或者用于赏赐那些不论从事何种事业、曾做出显著贡献而使国家获得某种利益或那些以优异品行而著称的人。

从各省奉召入朝廷，或由朝廷派往各省的官吏及其随员，他们的全部旅费都可以得到偿付，并且由皇帝提供给他们在旅途中所需要的船只与马车。这个规定同样适用于外国列强的来华使节们;外国使节自入境第一天起直至离境,这个期间他们的费用全都由皇帝支付。他们抵达朝廷后,便被安排在皇宫里食宿,在那里,他们用膳的全部饭肴,都由皇帝供给;作为友好的象征,每隔几天,皇帝就派人把自己餐桌上的一些菜肴给他们送去;当皇帝想要向他们表示慈善之心时,便给他们送去非常精美的食物。

可以注意到,中国私人住宅的房间虽然安排得井井有条,却很简单。这和公共建筑物,特别是沿公路而兴建的公共建筑,完全不一样。这些公共建筑物在结构方面,具有着惊人的宏伟壮丽规模;而对它们的专门保养维护,特别值得注意。那里对公共建筑的坚实牢固所给予的关心,也是令人称赞的,并且为了给过路旅客、商人和车夫提供便利和安全保障,他们毫不吝啬建筑费用。

公路一般是 80 英尺宽,其中有几条公路,行人沿途都可以看到在公路右边或左边间隔设置的、由两排树木遮阴的长凳。这些小园林为行人提供了舒适和惬意的休息场所。这些休息场所常常是由那些已经退职的官吏出资修建的,以求博得其左邻右舍的好感。因为那里甚至在主要道路旁边都很少开设旅店,所以这些休憩之地对于来往行人特别有益。在夏季,常有一些好心人为贫穷的旅行者免费供应茶水,而在冬天,他们则为这些穷人免费供应姜汤。

在来往行人最为频繁的路段,每隔半里格路就设有一些小塔楼,作为哨兵的岗亭。这些塔楼由草皮和加工过的泥土垒制而成,塔楼大约有 20 英尺高。在这里,可以进行瞭望观察,以保护行人的安全。塔楼还提供行路指南,指示到某一方向和其他方向的路程远近，并且标明邻近一些重要城市的名称。在哨岗里值勤的卫兵同时负责亲手传递朝廷发送给各省市官吏的信件。

每位官吏负责监督他所管辖地区的公共道路的维护，稍有疏忽便会受到严厉惩处。一位官吏在修护皇帝必经的御道时未能表现得尽心尽力，于是他宁可去自尽，以免遭受必将加于其身的令人羞辱的惩罚。另一位官吏负责排干一块沼泽地，不管他是因为缺乏经验还是麻痹大意，未能完成这项任务，结果被判处死刑。

在列举这些公共工程时，我们一定不要忘记中国的奇迹之一——大运河或帝国运河。它长达 300 里格，从北到南贯通中国。第 20 代王朝的创立者忽必烈皇帝在北京建都，作为他的统治中心，于是下令疏浚修凿了这条美丽的大运河，用来向他的居住地供应为朝廷和扈从军队所需的一切用品。经常有四五千艘船只在大运河上行驶，其中许多船只载重达 80 吨，连续不断地从事向这个大城市供应生活物资的运输活动。修护运河的职责交给许多巡查官员来承担，他们不断地来回检查运河情况，带领河工及时修复所有遭到破坏的河段。

第五章　关于权力

如果可以让《世界通史》的英国作者们相信，“世界上没有什么权力人物比中国的皇帝更加专制”，如果他们所谓的专制主义，意味着这个绝对权力必须正确地遵守各项法律和基本的统治准则，那么，在中国确实没有什么人类权力能够阻止皇帝的权力。不过，皇帝本人在行使审判权力时是如此严格，以致他可能出于偏袒而实行的任何不合于法律的仁慈措施，都将受到政府所颁布的基本法的公开抵制。但是，如果这些史学家们认为皇帝所拥有的权力是专横武断的，并且凌驾于国家的法律之上，那么他们就是忽视了这个事实，即中国政府的基本法是建立在如此无可非议的和如此受到重视的自然法的基础之上；自然法的存在使君王不敢违法作恶，能够保证他合法地行使职权，保证最高权力人物积德行善。结果这个权力对统治者来说是一个福音，对臣民来说也是一个受到崇拜的力量。

皇帝所受到的真诚尊敬与他的最高权力相一致，而这种尊敬几近于崇拜；皇帝被赋予诸如天子、圣帝等的最崇高称号。帝国内身居高位的主要大臣、皇亲贵族，甚至皇帝自己的亲兄弟，都必须跪着向皇帝进言奏事。这种对皇帝的崇拜被扩展到皇帝使用过的各种物品上；人们拜倒在他的御座、他的腰带、他的皇袍等东西面前。一个中国人，不管其地位高低，从来不敢骑马或坐轿经过皇帝的宫殿;临到皇宫时,他就要下马或下轿步行,直到走过皇宫一段路,他才重新上马或上轿。

中国的皇帝们从不滥用这种尊从而对自己的臣民施行暴政。那里在人民中间普遍树立起这样一种信念(实质上是根据政府的基本法而树立起来的),正如人民应当孝顺地服从于他们的君王一样,君王反转来也应当像父亲那样热爱他的人民。而且,这些统治者在实行管理时非常温柔,他们一直在研究以各种方式来使其犹如父亲般的慈爱更加灿烂辉煌。

按照法律规定,皇帝设立了两个议政机构。一个机构是临时的,由皇亲贵族们组成;另一个机构是常设的,由号称阁老的国务大臣们组成。这个机构负责审理各项重要事务,向皇帝呈报并接受皇帝的敕令。

除了最高议政机构而外,在北京还有六个最高行政机构,关于它们的职能我们已经做了说明。应当注意到,这类机构的设置是一个经过深思熟虑而形成的政策的成果,旨在维护中央集权制的权力隶属于元首一人,以及防范这些机构有损于皇帝的权力或者密谋反对国家。那里的管辖范围内的各种权力机构被划分隔离,因而所有机构都得相互依赖。如果出现某个军事计划方面的问题,那么,军队的组成和调动属于兵部的职权范围,军队的资金筹措却由户部下达指令,而运送军队的大小船只以及战舰的供给则依赖于工部。除了这种防范措施以外,朝廷还指派一名监察官员负责查询各个行政机构内所发生的各种事情;他虽然无权发言和表决,却参加所有会议,而且各行政机构所做出的一切决议都要通知他。他向朝廷秘密地提出奏疏,或者甚至是公开指责那些犯错的官吏，不仅对他们在执行公职过程中所犯的错误提出批评，还对他们在私生活中所犯的错误予以指责，包括他们的行为举止、言谈话语和禀性习俗，都受到严密监视。这些被称作御史的监察官吏，甚至面对皇亲贵族和皇帝本人，也是无所畏惧的。

在六个最高行政机构中，每个机构所配备的人员都是两名尚书，四名侍郎和 24 名郎中，郎中分别由 12 名满人和 12 名汉人担任。所有的重要事务都被送到最高行政机构做最后裁决，在这些最高行政机构的属下，还可以看到许多次一级的行政机构。

至于各省，它们直接由两类地方长官进行统辖；较低一类的地方长官只管辖一个省并居住在该省首府内，但这类省级地方长官又得听命于被称作总督的更高一类地方长官，总督同时管辖两个、三个甚至四个省。无论这些地方长官拥有什么权力，他们各自的权限都得到明确的规定，因而从未发生过有关越权的争端。

可能难以相信中国皇帝有时间亲自处理这样一个广袤帝国的各种事务，并获得那些由他任命去担任闲职的大批官吏或那些谋求获取官职的人的效忠；然而在那里却保持着如此奇迹般的良好秩序，各种法律被如此出色地用来对付所有困难，以致一天有两个小时即足以履行他的全部职责。

第六章　行政管理

第一节　审判机构

在每个省的首府，都有几个民事和刑事审判机构，它们完全对北京的最高行政机构负责，并且隶属于省级最高地方长官和总督；此外还有许多下级司法机构，负责处理诸如交付给它们的司法事务。所有其他城市也都由当地的最高地方长官和下级官吏来执行审判职能，结果是第一级城市在执法方面依靠第二级城市，而第二级城市反转来又处于第一级城市的司法权之内。省一级法官位列总督之下，总督代表皇帝并且享有特殊威望。但是，这位总揽一切的官员的权力，受到他周围的其他官吏所享有权力的制约，其他官吏都能够对总督提出指控，如果他们断定这种指控对国家是有益处的话。

所有官吏还进一步受由朝廷派往每个省的巡视官员即御史的约束。官吏们对这些巡视官员是如此普遍地表示敬畏，曾有句格言描述说如同“老鼠见了猫”。这不是没有理由的，因为这些监察官员有权建议免去所有那些犯罪的官吏的官职并剥夺他们的权位。

这些监察官员通过特殊的奏折向皇帝禀报官吏们的过错。这些奏章很快在帝国内广为传播并被提交吏部(文官部)处理,吏部通常对犯罪官吏给予判决。简而言之,这些监察官员的权力很大,而且执法严格,坚贞不屈;当皇帝本人的行为背离了国家法规时,也不能免于受到他们的指责。中国史籍提供了各种显示出他们勇敢无畏的令人惊异的例证。

没有什么比这种主持正义的方式更令人称赞的了;因为准备审判事宜是一种例行公事而不索取费用,因为审判官员的薪俸是固定的,所以人们根本不必花费什么钱财就能得到公平的处理。在一般情况下,私人自己可以向所在地区的法庭控诉;如果他,假设他是一位城市居民,决定不向他所居住地区的官吏或地方长官提出起诉,那他可以直接向他所在省份的最高地方长官甚至是总督上诉;一旦上级审判官员受理了一桩案件,下级审判官员就不得参与审理这一案件,除非上级审判官将这一案件转交给他们处理。每位审判官员在经过必要的查询和由下属执法人员完成的各项程序之后,应本着公正的判断来宣布判决。打输了官司的人有时被判处杖刑,那是因为他居心不良地挑起官司,或者是因为他对案情的辩护完全有悖于公正原则。对于重要的案件,允许人们不服总督的判决而直接向北京的最高法庭上诉;最高法庭只有在上奏皇帝批准后才能做出判决,有时皇帝本人在掌握了一切确凿可靠的调查资料以后,亲自宣布判决。这种判决以皇帝的名义签发并且派人送交该省总督,饬令他负责监督这一判决的执行。这样一种特殊形式的决定是终审判决;它以神圣的戒律形式出现,也就是说,它成为一项无可争辩的、公正无私的法令。

至于刑事案件,它们所需要的审理手续并不比民事案件更多。

地方法官一旦掌握了案情，他就能够当场处罚罪犯。如果地方法官亲眼看到街道上、房屋里或公路上有什么骚乱现象，或者碰上赌徒、酒鬼或流氓无赖，那他不加审讯就立即让他的随从人员给违法者以 20 或 30 大板的杖罚，处罚之后他再继续上路。不过，这些违法者可能还会由于那些受到他们欺辱的人的上诉而被传唤到法庭；这时将会按照正常程序对违法者进行审讯，并且只会以对他们的严厉惩处而告终。

皇帝授命一位钦差大臣检查所有的刑事案件。这位钦差大臣通常是到不同的法庭去查询这些案件，听取各个法庭的审判意见以便有助于形成他自己的判决。一桩刑事案件要经过五六个具有隶属关系的法庭的审理才能结案，每个法庭都通过一套不同的诉讼程序，了解有关被告和证人的身世和品行的资料。确实，这些审理程序上的耽延，会使清白无辜者在长期拘审期间殚精竭虑，但是它们最终总会使清白无辜者从苦恼中解脱出来。

（连载第二部分完，见《公民日志》1769 年四月号）

第二节　刑法

按照法律，对于被捕获的武装盗贼，应判处死刑；如果不是武装盗贼，则根据他们盗窃的性质论处而不会使其丢掉性命；如果他们的盗窃企图未遂，仍施以同样的惩罚。

一般说来，中国的刑法是相当宽大的。如果说刑事审理过程中的重复讯问拖延了审判，但最终的审判决定却是确实可靠的，始终是按照法律的规定，做到量刑与所犯的罪行相适合。杖刑是最轻的处罚，犯有轻微违法行为者便受到这样的惩罚，这种惩罚没有什么令人感到耻辱的；皇帝本人有时也会让那些享有显贵身份的人受到这种惩罚，而以后并未轻视这些显贵的作用。

杖刑所使用的刑具是竹板（板子 pantse）。这是一根被剖开的相当厚的竹片，有几尺长，一头像手掌那么宽，另一头光滑细长用作握柄。官吏在巡视或开庭时，他总是由装备着这种刑具的执法人员簇拥着。虽然使用这种刑具时狠命杖击可能会置人于死地，但犯人们有办法去说通那些执行刑罚的人以某种方式来减轻杖击，结果打得很轻而且使犯人几乎没有什么感觉；经常还有一些人愿意充当替身，代替犯人受罚，以此来换取代罚的报酬。杖罚（打板子）通常是对那些夜间四处游荡的流浪汉以及对那些证据确凿的乞丐的一种惩罚。事实上，在中国看到的大量乞丐中的大多数，都是丧失了身体某一部分的功能，特别是有许多盲人和残疾人，他们是为了索取救济金，才不惜弄残自己的身体。

即使享有朝廷命官的身份，也不能免除受杖刑（打板子），但是行政长官在受到这种处罚以前，必须先受到削职处分。如果一位朝廷命官遭到这种惩罚的判决是根据总督的命令而做出的，那他有权面奏皇帝或吏部（文官部），为自己的行为进行辩护。这是防止总督们滥用他们权力的一道屏障。

另一种形式的处罚不那么使人感到痛苦却使人感到名誉扫地，这就是枷（cangae）或枷号（careau）。它由两块木板制成，这两块木板合起来套在脖子上便成为一个木质项圈，这种枷号可以根据审判官员的命令，让犯人昼夜套在身上。枷号刑具的重量依犯人的罪行轻重而定。有时它可重达 200 磅并且有五六英寸厚。人们戴上枷锁后既看不到自己的脚，也不能把手放到自己嘴边。官吏用一张由官署加印的纸条贴封在枷号的接合处，封条上写明犯人所犯罪行的性质以及上枷处罚的期限，为的是不让犯人在服刑期间自由活动。当服刑期满时，犯人被带回到审判官吏面前，由官吏对他作简短的训话，劝他改邪归正，然后去掉枷锁使其获释；并且为了使他在记忆中留下更为深刻的印象，训话结束后还要罚他大约 20 大板的杖刑（打板子）。

还有某些犯罪行为，要在犯罪者的面颊上用中国文字作标记，表明对他判决的理由；其他的罪犯则受到被驱逐出帝国的惩罚，或者被判罚为皇室船只拉纤，但在施行这些处罚之前，一律都要先施行杖刑。

已知的死刑形式只有三种：绞刑、斩首和凌迟。第一种死刑形式被看作是最温和的，并且被认为不是十分令人羞辱的形式。关于第二种形式，他们的想法与我们完全不同。他们认为，没有什么比一个人在死的时候未能像自然所赐予的那样保全完整的尸身更加令人感到耻辱的了。

第三种死刑形式适用于卖国贼和叛乱者。这类罪犯被绑在一根柱子上，先是剥下他的头皮，再用头皮遮住他的眼睛，为的是不让人们看到他的痛苦表情；然后逐次把他的身体各个部分一块一块肢解。担任这种死刑执行人的是普通士兵，他所承担的任务在中国并不被认为是不光彩的，即使在北京也是一样；他佩戴着一条黄色丝带，以此获得人们的尊重，并显示他的权力是由皇帝授予的。

中国的监狱看起来并不使人感到恐怖，也不像欧洲的监狱那么脏。它们非常宽敞,安排得井井有条,并且舒适惬意。虽然监狱里平常关满了卑鄙可耻之徒,但监狱看守者却使那里到处保持着安宁和清洁。仅仅在广州一地的监狱里,通常就可以算出15000个囚犯。国家根本不去供养这些囚犯,而是让他们完成各种工作以维持其生计。如果死了一个囚犯,都要向皇帝禀报。而且地方官吏还要列举出许多证据来证明他未曾因受到收买而造成囚犯的死亡,证明他曾亲自探视过囚犯,曾请过医生并为这个囚犯采取过所有适当的治疗措施。

女囚犯被关押在特别的监狱里,男人根本无法入内。那里的牢门一直是闩上的,囚犯们所需要的一切物品都是通过像堡垒一样的建筑物传递给她们。纳瓦莱特曾与其他传教士一道被关入监狱,他说:"关于中国的监狱,特别值得称赞的是这一事实,即我们在那里受到有礼貌的对待,并得到极大的尊重,就好像我们具有显贵的地位一样。"

第三节　中国官吏

我们已经知道,一个中国人必须获得通向进士的各种学位,才能成为一名朝廷命官。政治统治全都交付给这些博学的官吏。他们的数量在整个帝国内有13000到14000人。其中属于第一层次三个等级的那些人是最杰出的,皇帝便从他们中间选拔阁老或国务大臣、中央行政机构的堂官、各省和大城市的地方最高长官,以及帝国内所有其他的重要官吏。

其他层次的官吏大多在司法和财政部门担任较为次要的职务

以及掌管小城市事务，在那里，他们负责主持公道的责任。这些属于较低层次的官吏共有 6 个等级，其地位大大低于上述最重要的三个等级的官吏，同时后者可以下令对前者处以杖刑。

让一般平民和其他学者最为羡慕的是使官吏们得以扬名的显贵标记。这种标记是一块佩戴在胸前的方布，它织作华丽，置于官服图案的中央，用以表示官吏的职掌。有些标记绣的是一条四爪龙，其他的标记绣的是鹰或太阳等。军事官吏所佩戴的标记则是狮、虎、豹的形象等。

一方面，掌理国家事务的各种职权之间相互依赖，连最不重要的官吏在他的管辖范围内也能充分行使职权；但是另一方面，这些官吏又依次隶属于职权更为广泛的其他高级官吏。那些掌管着更为广泛的职权的高级官吏又服从于每个省的主管官吏，而省级主管官吏则隶属于北京的最高行政机构。

所有这些地方官吏都按照他们所代表的君权的大小，相应地受到人们像对待皇帝那样的尊敬。老百姓在地方上的官府公堂里只能跪着跟他们讲话。地方长官除了参加重要的礼仪活动并且由他们所管辖的全体官吏陪同出席以外，从不公开露面。在标志着官吏的权力的各种象征物中，必须提到的是皇帝的印玺。御用印玺是用一块大约五六英寸见方的精美的白色玛瑙石制成，皇帝是唯一一个能够拥有这种石料的人。授予王公贵族的名誉印章是金制的，授予位列第一层次三个等级的官吏的印章是银制的，而授予其他较低等级的官吏的印章仅仅是铜制或铅制的。各种印章的大小，均依照掌管印章的官吏地位的高低而定。

没有什么比高级官吏离开官府出巡时前呼后拥的队伍更有气

派，高级官吏的随从人员绝不少于200人。由此可以推断伴随着皇帝的队伍一定是非常壮观的。

尽管所有的官吏都拥有一定的权力，但他们要保住自己的职位却是相当困难的，除非他们努力使自己确立起百姓之父的形象，表现出真诚的慈爱之心。各省总督每隔三年要向朝廷奏报自己省内所有官吏的情况，如果一名官吏受到的指责是得不到百姓的尊敬，那这种指责肯定会记入总督的上奏报告中，从而足以导致该官吏失去他的职位。

在一些特殊时期，官吏们应对百姓表现出最大的体恤。这就是在百姓为收成感到担忧的时候，或者是在他们受到某种灾害威胁的时候。凡处在这种时刻，官吏们都要去求神拜佛，不拘于穿戴礼节，并且以身作则，奉行禁欲节食以及严格遵守普遍斋戒的规定。

因为官吏的唯一职责就是保护百姓，所以官吏必须随时准备倾听百姓的申诉。在审判公堂附近或者在官府外面，通常设置一只鼓，如果有人要到官府打官司，就击鼓为号，这时官吏不管有多么忙，都必须放下手中的事务去倾听来人的申诉。

对百姓进行训导也是官吏的主要职责之一。每月的初一和十五，所有地方官吏都要出席礼仪性聚会，由一名官吏对百姓发表训导演说，讲演的题目不外乎是父慈子孝、尊重官吏一类，以及最重要的，就是要维护安定和团结。

皇帝本人也不时谕令朝廷的主要贵族以及北京的最重要朝官集会，对他们发表训示，训示的题目都是取自各种经书。

法律禁止官吏参与诸如赌博、闲逛、游览等许多消遣活动。官吏除了在华丽的宫室里可以为自己安排一些活动内容以外，没有什么别的乐趣。同时禁止官吏收取礼品。如果发现有官吏犯有收取或索取礼品的举动，便免去他的职位。如果收取的礼品价值总计达 80 盎司白银，则处收礼者以死刑。官吏不能在自己的原籍城市任职，甚至也不能在自己的原籍省份任职。官吏就职的地区距离他所出生的城市，至少得在 50 里格以外。

政府对于官吏任职问题，考虑得非常深入，例如身为儿婿、兄弟或侄甥而担任较低一级官职，其上司不能是他的父辈、兄长或叔舅。如果皇帝任命一名下级官吏的父辈或叔伯担任他所在省份的总督，这名下级官吏必须向监察机构禀告，由监察机构负责将他安排到别的省份担任类似的职务。

最后，在促使所有的官吏都尽心尽职地处理好公众事务方面，没有什么比公报形式更为有效，这种公报每天在北京出版而它的流传则遍布全国各省。公报是一本六七十页的小册子。公报所刊载的文章全不涉及该帝国以外所发生的任何事件。在那里，人们可以看到被免职官吏的姓名和他们被罢免的原因。

第七章　中国统治上的所谓缺点[①][*]

第一节　孟德斯鸠先生的主张

中国君主的专制主义或专制权力，被我们的政论作者过于夸大了，或者说至少他们是带着相当反感的情绪来考虑这个问题。特别是孟德斯鸠先生曾经大胆地提出许多推测，这些推测常常被他如此巧妙地加以利用，使得它们成为反对这种统治的如此之多的似是而非的诡辩。读者们可以去看看《杂录与奇谈》这部文集的第5卷第164页及以后各页。这样，我们就不必在这里仔细考查孟德斯鸠先生的推论，因为那部文集的作者已经讨论并且驳斥了这种推论。但是，如果我们在这里不去揭露这些似是而非的推论，不去促使人们将这些似是而非的推论与我们在这部汇编中所提供的各种事实加以比较，那我们过去一直在设法避免的被这些似是而非的推论所蒙蔽的情况，可能又会出现。

孟德斯鸠先生说："我们的传教士告诉我们，那个幅员广阔的中华帝国的政体是值得称赞的，它的政体的指导原则是畏惧、荣誉

① 还可以参看有关欺诈的论述，见第209—211页(本书第79—81页)。——英译本注

* 这部分论述包含在魁奈原著第二章第九节之中。——译者注

和品德兼而有之。……我不晓得，一个国家只有使用棍棒才能让人民做些事情，还能有什么荣誉可说呢。”

这种指控由于生动的描写而得到加强。但是，在中国施行杖刑就像鞭挞、做苦工等一样，是对犯人的惩罚，这同其他国家的做法所要达到的目的没有什么两样。哪一个国家的统治没有刑法呢？但在这个世界上还有哪一个国家采用那么多办法来鼓励人们学习榜样和唤起人们的荣誉感呢？对此，孟德斯鸠先生只字不提，这正是他夸大其词，以及他极力想把中国人描绘成是一群处于专横统治之下的唯命是从之徒和奴隶的一个十分明显的证据。

“加之，我们的商人从没有告诉我们传教士们所说的这种品德。”

这句话向我们提供了一个有关中国人可以自由地与外国人做生意的报道，而这种自由经商的情况与一个严厉的专制权力的报道是完全不一致的。显示出这种不一致是很不幸的，因为它正好与著者说这句话的本来目的相违忤。这里所谈论的这种不一致情况，会被扩大到由中国人自己相互之间所从事的国内贸易领域吗？来华的欧洲商人并未深入这个王国的腹地，因此孟德斯鸠先生在这个问题上不应当信赖商人的说法。如果传教士的说法有利于孟德斯鸠先生的观点，他可能会以更大的把握来引证这些报告，因为传教士们在这个帝国内稳定地居住了很长时间，并且跑遍了所有的省份。用欧洲商人的叙述来反对传教士的报道，这是冒险的做法，因为欧洲商人不愿告诉我们，他们与之做生意的中国采取欺诈手段，是否为一种报复行为。但确定无疑的是，即便这位著者利用这种证据，也绝不可能得出他所谓帝王的残酷专制主义的结论。

如果孟德斯鸠先生想要探究的恰好是中国人的品德，那么仅仅对从事于对外贸易的商人的品德加以评论，这是一个公正的分析吗？商人能够代表农民和其他居民吗？其他的民族，特别是那些在国家保护贸易制度下使对外贸易活动成为一种垄断行为的民族，对于它们的品德的评判，能够直接从这种分析实例中引申出来吗？

“帕勒楠神父①的书简，叙述皇帝惩办了几个亲王，因为他们皈依基督教，惹起皇帝的不快。这些书简使我们看到那里经常施行的暴政和依据常例——也就是无情地——对人性进行残害的大略情况。”

关于皇帝惩办了几个信奉基督教的亲王这种说法，似乎意味着这几个亲王之所以受到惩处，是因为他们信奉基督教的缘故。然而，全世界各个国家都存在着由于宗教的原因而惩办大批殉教者的事例，并且完全得到它们的法律的认可。不过，这桩案件实际上与中国的专制主义无关，甚至不能认为这个帝国的统治者是不容异己，因为在那里几乎未曾发生过出于宗教原因的残酷迫害。上述事件的性质并不是由于信奉基督教的缘故，因为当时那位皇帝对基督教是非常宽容的。据说这几个亲王曾“惹起皇帝的不悦”，但没有再作进一步的说明。按照事实真相，这几个亲王曾经

---

① 让·雅克·多图·德麦兰：《R.P.帕勒楠（多米尼克·帕勒楠，耶稣会士）关于各种中国问题的书简》[*Lettres au R. P. Parrenin* (*Dominique Parrenin*, *S. J.*) *contenant diverses questions sur la Chine*]，巴黎，1759 年。英文版见《哲学会刊》(*Philosophical Transaction*)第 36 卷，1729—1730 年，第 397—424 页。帕勒楠的一些书信曾发表于《富于教益和令人好奇的书简》。

密谋反对皇帝，而一些耶稣会士也卷入了这一不幸事件。这仅仅是一桩政治案件，在这桩政治案件中，尚难以深入考察皇帝采取惩办措施的真实动机。因此，这种性质的一桩特殊案件，本来不应当成为孟德斯鸠先生的论据，并引用它来作为证明“依据常例”对人性进行残害的一个例证。而且采取上述惩办措施的这位皇帝，被公认为是统治这个王国的英明君主之一，所以引用这个例证的做法就显得更加不恰当了。一位著者在发表他的观点时，竟如此缺乏对事情真实性的考虑，这就不能不使人们感到，他未能完全抛弃偏见。

“我们还有帕勒楠神父和德麦兰先生关于谈论中国政府的书简。在读了几个很合道理的问答之后，奇异之点便都消逝了。”

这里的问题是，这些书简抨击的是中国政府的体制本身，还是它们仅仅揭露了侵入这个组织机构的各种弊端？孟德斯鸠先生表现出如此强烈的鄙夷之意，却没有任何引证。恐怕他在那些书简中，除了发现一些含糊不清的论据以外便是一无所获吧？而这些含糊不清的论据恐怕主要是宣泄了巴多明神父的厌烦情绪，在那时，这位神父无意对中国的君主表示好感。必须指出的是，简单地提及那些书简等于什么也没有告诉我们，特别是当我们了解到提及那些书简的这位著者本来就抱有成见时，情况更是如此。

“是不是最初来华的传教士们可能被秩序的外表所迷惑了呢？是不是因为在那里，不断地行使单一的个人意志，使他们受到了感动呢？教士们自己就是在受着（教皇）单一的个人意志的统治。因为，他们到那里去的使命只是要提倡巨大的变革，那么，要说服君主们使之相信君主自己什么都能够做，总比说服人民使之相信人民自己什么都能忍受，更容易些。”

对于一个人来说，肯定是极其缺乏证据，才会诉诸那种怀疑论调，而在绞尽脑汁提出怀疑的论点之后，读者肯定也会看到，中国政府并没有被它的诋毁者们抓住什么把柄。据说，传教士们最初可能是被秩序的外表所迷惑了。他们可能做得更多，他们也可能对所提供的许多事实的细节在文字上进行了窜改。那为什么让“最初”这个词溜进这段叙述，而且为什么要说“最初”的传教士？难道相继来到这个国家的其他传教士的报告同最初来华的传教士的报告相互抵触吗？或者是最初的传教士自己后来反悔了吗？认为传教士们关于亚洲诸王的专制主义是为了有利于他们传教活动的成功一说，是很巧妙的。难道说这些传教活动在亚洲已经借助于专制君主而取得巨大的进展了吗？是不是到处都在发生这种情况，即传教活动已经开始在人民中间取得成功，而且传教活动所取得的这种成功有时已经使得诸君王感到困扰了呢？确实，耶稣会在中华帝国曾经设法获得一项有利于基督教徒的敕令，但是由于这项敕令未能履行正式手续以使它具有法律效力，所以是无效的。因此，不管孟德斯鸠先生怎么说，实际上在中国，一个人的意愿不足以对于推动传教事业的成功起到决定性作用，也不足以引导传教士把他们的全部希望都寄托在这种专制政治之上。

“在中国，腐败的统治很快便受到惩罚。这是事物的性质自然的结果。人口这样众多，如果生计困乏便会突然发生纷乱。”

大量的人口聚集只能出现于一个良好的统治之下，因为腐败的统治将会毁灭财富和人类。只要对这种人口众多的现象稍加注意，即足以驱散全部疑云，而在这样的情况下，人们可能会渴望认识中国的统治。孟德斯鸠先生告诉我们，这样大量人口的需求，甚至对腐败的统治也会引起某种忧虑。他的这个推论隐含着一个矛盾。因为在世界上的任何国家里，都未能发现众多人口和腐败统治并存的情况。

“中国的皇帝所感悟到的和我们的君主不同。我们的君主感到，如果他统治得不好的话，则来世的幸福少。”

如果孟德斯鸠先生对宗教问题很幸运地比中国皇帝们了解得更多，那他仍然应当承认中国皇帝信奉自然法则的教理并具有对来世的信仰。而且他也不是不知道，有大量的范例可以证明中国皇帝们是以卓绝的礼仪来表示他们的虔诚，有大量的事实可以说明这个国家的各种需求迫使他们不得不向神圣的天道进行祈祷。

“中国的皇帝知道，如果他统治得不好的话，就要丧失他的帝国和生命。”

那么，根据孟德斯鸠先生的说法，中国的皇帝与其他国家的君主比起来，更少担忧来世的惩罚。这个论旨本来不必成为这位著者所论述的大略情况的一部分，因为他所关心的是人类法的精神。按照他的观点，建立人类法是为了保护各民族的安全，防止不合法规的统治行为，防止诸王滥用权力，使他们的活动必须受到各种制衡力量的约束，从而使他们遵守法规。

如此则中国皇帝害怕丧失他的帝国和生命一说，不是被孟德斯鸠先生说成是一个不足以约束这种君主专制主义的论旨了吗？他想要建立起来的各种制衡力量，不是全都更加强化和更加适合于一个良好政府的永久延续了吗？

“中国虽然有弃婴的事情，但是它的人口却天天在增加，所以需要有辛勤的劳动，使土地的生产足以维持人民的生活。这需要政府的极大的注意。政府要时时刻刻关心，使每一个人都能够劳动而不必害怕别人夺取他的劳苦所得。所以这个政府与其说是管理民政，毋宁说是管理家政。这就是人们时常称颂的中国的那些典章制度之所由来。”

那么依照这位著者的看法，众多的人口使得中国的专制政府成为一种家政统治，并且形成了各种必要的典章制度用以保障这个帝国的居民的生活。在这里，孟德斯鸠先生是倒因为果。他没有认识到，人口的众多只能是这个帝国实行良好统治的结果。可是，他在考察中国的历史时，应该认识到，事实上，人们时常谈论的这些良好的典章制度，自远古时代以来就在中国一直为人们所遵奉。

“人们曾经想使法律和专制主义并行，但是任何东西和专制主义联系起来，便失掉了自己的力量。中国的专制主义，在祸患无穷的压力之下，虽然曾经愿意给自己带上锁链，但都徒劳无益！它用自己的锁链武装了自己，而变得更为凶暴。”

一位伟大而专横的女王曾经向她的臣民宣布：“你们拥有法律，而我将迫使你们遵守法律。”她的恫吓所能震慑的只是那些为非作歹之徒。良好的法律造就良好的统治，如不遵守法律，统治也将不复存在。严厉的专制君主通过法律而得到加强，如果他能严格执行法律，他所统治的国家将会呈现良好的秩序。可是孟德斯鸠先生却告诉我们：“任何东西和专制主义联系起来，便失掉了自己的力量。”这是一个多么混乱的观念！法律和专制主义联系便会令人生畏，法律和专制主义联系便失掉了自己的力量。跟法律结合在一起，专制主义就变得凶暴；跟专制主义结合在一起，法律就会失去效力。孟德斯鸠先生在谈到中国政府这个世界上迄今所存在的最古老、最广袤、最仁慈和最繁荣的国家时，竟把这些自相矛盾的说法凑合在一起！为什么在这位著者的心绪里，中国的统治会引起那么大的困扰？这是因为中国是由专制君主统治，而在他看来，专制主义总是专横和残暴的统治。

虽然在中国，各种违反法律规定的弊端受到严厉制止，但是这些弊端仍然成为攻击这个帝国统治的主要理由。

官吏们受到监察官员的监督，他们被称作御史，由朝廷派往每个省份。这些监察官员有权剥夺违法的官吏的权位，解除他们的职务。可是，据称这些监察官员在结束他们的巡视时，往往满载着四五十万价值五先令的银钱回家，这些银钱都是由那些违法官吏馈赠给监察官员，以保护他们自己免受指控。在中国就像在别的国家一样，都会发生这样的事情：受到监察官员严厉追究并且得到法律制裁的，往往只是那些其违法行为臭名昭著已经无法隐瞒的人，或者是那些因家境贫困没有资财去满足监察官吏的贪欲，从而无法行贿来换取有关品行端正的鉴定书的人。

孟德斯鸠先生说，关于中国官吏的掠夺行径，可以去看看我们的商人的论述：

最危险的地段是在离潮州(Chao Chou)不远的一个湖边，如果靠近这个地点，人们便可以看到，在一块陡峭的岩石上矗立着一座庙宇，那是众多迷信活动的一个集中地。一旦靠近这个地点，中国的船夫们就会敲响铜鼓，向他们所崇拜的人报信。他们在船头点燃蜡烛，烧香膜拜，并宰杀一只公鸡作为祭品。官府在附近停泊着许多小船，用来营救那些因船只遇难而落水的人，但是有时正是这些救援船只上的船员，却首先将商人们置于死地。这些船员靠抢劫使自己发财致富，尤其是当他们相信自己不会被人发现时，更是这样。

然而，地方官吏的警戒是非常积极的，特别是他们出于国家的利益时。官吏较少关心他自己的利益，而更多关心他的人民的利益，并且以帮助人民和表明自己是人民的父母官作为他的荣耀。在有暴风雨的天气里，潮州的地方最高长官禁止船只在湖泊上航行，禁令颁布以后，可以看到这位地方最高长官亲自到湖边并且整天待在那里现场监督，以防止某些贪图利益的鲁莽之人拿自己的性命去冒险。

（我们刚才引用的发生在那个国家的有关抢劫财物的例子，就像在所有其他国家一样，可以用来与窃贼的危险职业相比较。尽管受到法律的严厉打击，窃贼们仍然会面对可能加诸其身的惩罚而以身试法。但是，窃贼的违法行为不应当归罪于政府，因为政府已经采取一切可能的措施来防范他们，并且严厉打击那些证据确凿的罪犯。）

“据说在中国的所有地方，各种审判官的职位都可以公开出售，特别是在朝廷的职位方面，而且据说皇帝是唯一一个始终在心目中想着公众利益的人，其他所有官吏都是只考虑他们自己的利益。可是，既然已针对地方长官和其他官吏的敲诈勒索行为而建立起各种法律，那么，他们如果不是得到皇帝的宠幸，要干这种事就非常困难，因为他们不可能对受压迫人民的抱怨，置之不理。”

这个所谓的陋习，据说在朝廷内司空见惯，但其他历史学家却否认这一说法。《革命》(*The revolutions*)一书的作者指出:“中国的皇帝想要亲身处理一切事务,他比世界上任何其他国家的君王都更为关心政府事务。首先,每逢在任命官吏的问题上发生争议,他只相信他自己。像在其他地方一样,任何人都不可能通过私通朝廷而被晋升到最高职位。”

地方长官被看作是一个庞大家庭的家长,在这个大家庭里,除了由于他自己的过失而造成的纷扰以外,社会秩序不可能被扰乱。他要对哪怕是最小的骚乱负责,如果他未能及时平息叛乱,至少是要丢掉他的官职。他必须禁止下属官吏压迫百姓,对于他的下属官吏来说,就像他自己一样,其唯一的职责就是维护公众的福利。由于这个原因,中国的法律规定,出生在某一城市或某一省的人,不得出任同一城市或同一省的官吏;此外,不许官吏长期担任某一职务,以免他可能形成某种偏见。这样,既然在同一省内任职的其他大多数官吏对于他来说,都是陌生的,那他也就没有什么理由去偏袒任何人。

如果一名官吏受命任职的省份,与他的出生地接界,那他所任职的城市,必须至少与他的出生地相隔 50 里格远。而这类防范措施的实行,竟发展到一名下级官吏绝不能在由他的兄长、叔舅或其他亲戚担任上级官职的地区任职的地步,因为他们在一起可能串通一气干出违法乱纪的事情,又因为上级官吏即便被迫要对他自己的兄弟等予以责罚,那也是很困难的。

每隔 3 年,要对所有官吏进行一次普遍的考核,在考核中,根据治理政事的情况考核官吏们的功过善恶。例如,第三级城市的每个主管官吏负责考核其部属的品行。他根据考核情况写出评语，并将他的评语转呈第二级城市的主管官吏，后者对于这些评语或者加以修改，或者予以确认。第二级城市的这位主管官吏一经收到他所管辖地区所有第三级城市的主管官员所呈报的评语，便附上他自己的意见，然后将这些评语文件送呈驻扎在各省首府的主管官吏，由这些主管官吏将评语文件呈交总督。总督亲自审阅这些评语并加上他自己的考评意见，此后再派遣 4 名侍从官员将评语文件送呈朝廷。用这种方式，中央行政机构便确切掌握了帝国内所有行政机构中的官吏的情况，并且能够据此实行奖善罚恶。在审核了这些评语之后，最高行政机构立即饬令总督对所呈报的那些官吏给予奖赏或惩罚。总督奉命将那些在他们的评语中表明其未能忠于职守的官吏予以撤职，哪怕这只是一些最微不足道的指责；而将那些受到表彰的官吏，提拔到更高的职位上。同时非常注意向公众通报这些被撤职的官吏和受到奖赏的官员，以及对他们实行奖罚的原因。

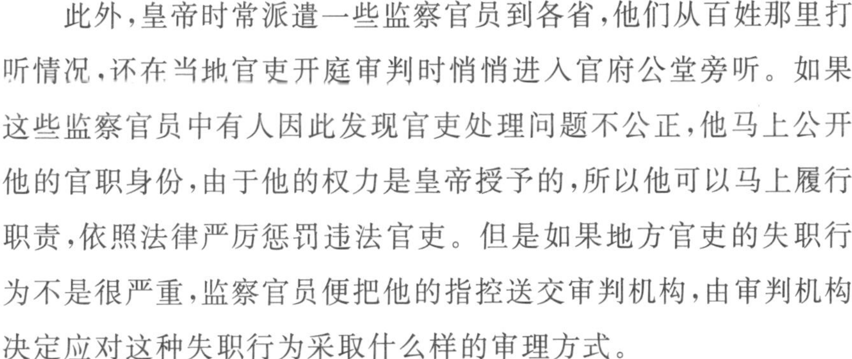

此外，皇帝时常派遣一些监察官员到各省，他们从百姓那里打听情况，还在当地官吏开庭审判时悄悄进入官府公堂旁听。如果这些监察官员中有人因此发现官吏处理问题不公正，他马上公开他的官职身份，由于他的权力是皇帝授予的，所以他可以马上履行职责，依照法律严厉惩罚违法官吏。但是如果地方官吏的失职行为不是很严重，监察官员便把他的指控送交审判机构，由审判机构决定应对这种失职行为采取什么样的审理方式。

虽然这些监察官员或钦差大臣都是从主要官吏中间挑选出来的，并且被公认为是具有高尚品德的人，但是作为一种克服失误的防范措施，又因为担心他们可能被收买，所以皇帝还是利用机会，在这些监察官员毫无思想准备的情况下，亲自到各个省份巡视，直接听取百姓对于地方长官的抱怨。

在一次这样的巡访期间，康熙皇帝曾看到一位哭得很伤心的老人。他撇开侍从走到这位老人跟前，问他为什么在哭泣。老人回答说："我只有一个儿子，他是我的命根子，而且靠他来养活全家。可是一个满族官吏抢走了我的儿子，从此以后我将无依无靠。对于像我这样又穷又老的人，怎能让人相信这个官吏是在主持公道?"皇帝回答道："这件事并不如你想象的那么困难，你上马坐在我后面，指给我看那个抢走你儿子的官吏住在哪里。"老人毫不客气地骑上了马。结果那个官吏被判犯有侵害他人罪并被立即处以死刑。行刑结束后，皇帝以严肃认真的态度对这位老人说："为了补偿你的损失，朕将刚才被处死的这个违法者的官职赐予你。你要洁身自好，而对违法者的惩处，也可以告诫你不要去做那些会使你重蹈覆辙的事情。"

当一个政府小心翼翼地防范各种悄悄侵入的陋习，并严惩违法分子时，不应当将这些陋习本身算在这个政府的账上，也不应当利用政府对违法者的严惩来反对这个政府。那些扰乱社会秩序的人的违法行为，并不是整治这些违法行为的政府本身的缺陷。或者说，难道可以利用丧失人性的不法之徒作为借口，来诋毁最为优秀的政府吗?

如果对各种陋习予以宽容，那无疑是政府的缺陷，因为每一种陋习都是一种丑恶现象。但是，当受到陋习侵害的政府惩治首恶分子，并给予其胁从人员不过是所有老百姓都能得到的人身保护时，这是一种缺陷吗？实际上，在根除各种陋习方面，可以有许多特殊的考虑，也许能证明不采取暴力的惩治方式是正确的。特别是假使这些陋习对国家的内部秩序并未构成威胁，而仅仅涉及几条无关紧要的伦理标准或者属于狂热的轻信盲从时，情况更是如此。对这些陋习的信从者，就像对伴随无知而产生的其他大量偏见的持有者一样，可以采取宽容态度，因为他们局限于那些赞成各种异常观点的人。这样的异常观点，就是将迷信引进中国的各种邪教。但是压制轻信盲从的政策，可能反而会通过各种法令，使邪教的影响得以扩大，进一步侵害那些仍在信奉古代宗教纯正无邪的人，而古代宗教则包含在中国政府的根本法之中。这种简明易懂的宗教，是中国的原始宗教，它基于理性原则，必定会被遵奉自然法的所有其他宗教所采纳。对于其他宗教来说，它们在这个帝国内得到宽容对待所必需的基本条件，就是不许损害政府的基本法则，因为消灭这些宗教所可能采取的暴力制裁措施，会给国内秩序带来非常危险的扰乱。

第二节　邪教

这些邪教中的一个，就是老子学派所建立的宗教；它一直在不失时机地稳定发展，但仍可能使人出乎意料。一种受到统治者和权势之人的保护，用来满足他们爱好的宗教，一种被散漫而迷信的民族如饥似渴地加以吸收的宗教，一种利用人们的无知，总是乞助于巫术，通过各种虚幻描述来蛊惑人心的宗教，很可能流行于任何国家；它又怎么可能不去发展蔓延呢？即使在今天的这个民族里，也很少有人不对这个教派的行骗道士，表示某种程度的信仰；他们被认为能医好疾病和驱赶邪恶的鬼怪。

这些道士在祈求神灵保佑以后，他们可以看到自己所崇拜的偶像的身影呈现于空中；他们预卜未来和回答问题全靠着一根拂尘，似乎只是在摆动拂尘而不借助任何手势的指引。他们使道观内所有人的影像逐个显现在一个盛着水的大花瓶中来进行考察；在同一花瓶中，他们使人们看到这个帝国将会发生的所有变迁，以及他们向那些信奉他们教派的人许诺能够获得的荣耀。在中国，没有什么比谈论这种传奇故事更加寻常的了。可是，尽管这个帝国的历史学家虔诚地表示，所有这些故事不像都是虚假的，并且真的有许多结果应当归因于魔鬼的力量，我们却完全不能赞成这种观点。正好相反，中国术士这种自称的巫术使我们所感到的惊奇，尚不及我们在阅读像杜哈尔德神父这样有见识的著者的书时所感到的多。杜哈尔德神父把某些离奇的或令人惊奇的事情归因于魔鬼的力量，而这些事情在中国就像在别的国家一样，只是存在于盲目信从者和低能者的头脑中。我们多半会原谅中国政府对这一教派的宽容态度，因为无论在哪里，禁止相信巫术似乎总是权力机构的一个荒谬法令。

崇尚迷信的另一宗教教派是和尚（佛教徒）的教派。他们认为人死后灵魂附于另一人体之中，转世来生有惩罚和奖赏的报应；认为其教主即佛（fo）生来就是为了普度世间众生，把迷途的世人带入正途。他们有五条必须遵守的戒律：第一条是不杀生，包括任何种类的生物，这条戒律未被和尚们自己很好地遵守，与他们所吃的精美食物不相协调；第二条是不偷窃，然而这条戒律是一条普遍适用的法规；第三条是不邪淫，这又是一条没有什么特殊之处的戒律，就像这个教派所信奉的另一条戒律，即第四条不妄语一样；第五条是不饮酒。在这些戒律中，没有什么会由政府提出加以责难的条文。

此外，这些和尚们强烈地告诫人们不要忘记积德行善，就像他们的教义中所记载的那样。虽然和尚们可以用言词来表达这些规劝，但服从这些规劝只有靠自觉自愿。如果你善意地对待这些和尚，为他们提供生活必需品，给他们修建佛寺和庙宇，他们便不停地诵经念佛；他们的祈祷以及他们加于其自身的苦行修炼，将为你赎罪并且保护你不受到凶兆的困扰。

这些只不过是佛教冠冕堂皇的教义，实际上它所包含的仅仅是欺诈和诡计，以此来利用人们的轻信盲从。和尚们除了积聚钱财以外，根本没有其他的目的，尽管他们能够获得崇高的声誉，但他们只是这个帝国内一群最卑鄙无耻的人。在他们秘而不宣的教义中，都是一些难以理解的教理。这些教理不允许向粗俗之人或普通和尚宣讲介绍使之了解它们。为了使某人的荣誉称号显得受之无愧，必定会说他具有卓越的天赋，达到无与伦比的尽善尽美。佛教的教义，也就是由它的信徒们夸耀为极其杰出和绝对正确的。这个教义，实际上只是纯粹的功利主义学说。但是，既然这个教义未曾泄露它的内容，它也就使整个国土一直处于自己的阴影笼罩之下。在世界上所有的国家里，总是会有许多具有理性的人，他们的观点中也有不合逻辑的推论或漏洞百出的论证；这是人类智能方面普遍存在着的一个缺陷，不仅表现在玄学空谈方面，而且表现在有关现实问题的讨论方面，甚至延展到人类法之中。这些完全类同的法律应当怎样着手来消除这一缺陷呢？人们只有利用由杰

出的才智之士所阐释的明证，才可以克服这个缺陷。

尽管学者们尽一切努力要铲除这个被他们视作异端邪说的教派，尽管朝廷也倾向于在整个帝国内取消这个教派，但直到现在它仍受到宽容，这是因为担心取消它会在十分迷恋偶像(或佛塔)的人民中间，引起动乱。学者们则满足于谴责这个教派为一种异端邪说，并且每年在北京举行这种仪式。

第三节　学者的宗教

朱熹的学派根据万物本原的道理，坚持唯一的形而上学学说；它的论述含混不清，充斥着各种模棱两可的解释和相互矛盾的说法，以致非常难以理解其整个学说体系。这个学派甚至被怀疑是宣扬无神论。在这个问题上，如果中国历史学家的记述是可信的，那么该学派只有极少数的追随者。这些真正的学者一直信奉古老的原则，而且完全与无神论无关。有位著者(杜阿尔德)写道："不同教会的许多传教士都预先就中国人的宗教向人们提出告诫，他们倾向于相信，所有这些中国学者均承认作为本原的只是一种完善无缺的德行，而这种德行是用肉眼看不见的和具有决定性作用的。他们说，情况至少是这样，除非皇帝愿意明确宣布天和上帝这两个词的含义，不然的话他们根本不可能持有其他的观点；并且说，这两个名词的意思是指天的主宰，而不是指物质的天。"

中国的皇帝、皇亲贵族和首要官吏在回答传教士们的询问时，都明确说明了他们自己的意思。在 1710 年，皇帝颁布了一项敕令，该敕令被保存在这个帝国的文献档案中并曾全文发表在公报上。皇帝在这项敕令中表达了这样的意思，他们祈求上天的最高君主、万物的主宰、以其智慧和公正统治着世界的无所不见的神的保佑。这项敕令表明，他们所供奉的仅仅是天主即万物的主宰，而不是看得见的物质的天。人们也能用同样的解释来说明上帝一词的含义，在那些前面供奉着祭品的碑碣上，就可以看到这样的解释。如果说人们不敢给这个至高无上的主起一个它自己的名字，那仅仅是出于一种完全表示尊敬的感情上的原因。中国的习俗是在上天、天的至善、普天的名义之下，来祈求它的保佑，就像在说到国王时，为了表示尊敬，我们要说一长列的王位、宫廷的最高主宰名义，而不是使用他自己的名字一样。杜阿尔德神父还讲述了许多其他例证，都是引自皇帝的敕令以及他在不同场合所做出的各项决定。

喇嘛教、犹太教、伊斯兰教和基督教等各种宗教，都已传入中国。但是，我们的传教士们却享有如此引人瞩目的优遇，与许多任皇帝关系密切，以致树立了不少强大的仇敌，他们一直视基督教为非法，结果是基督教徒除了秘密进行活动而外，不再公开传教和正式接受人们入教。

第四节　非土地税

据说在中国，除了土地税以外，还有某些非正规的赋税，诸如一些地区的关税和通行税，以及一种人头税形式的对人身征课。如果这些说法属实，则表明在这一点上，这个国家对它的真实利益，尚未足以明了。因为一个国家的财富来自土地，而上述这些赋税破坏了税制本身从而对国家税收造成危害。这一事实可以用数学方法无可置疑地显示出来，不过却难以用推理方法来加以把握。

在那个帝国，这些非正规赋税所造成的不幸后果，至少不是完全灾难性的，因为一般说来，那里的税收相当有节制，几乎总是一个固定的数额，而且没有大量的征收费用。但是，这类赋税无论迄今为止它们可能是多么轻微，只能被看作是在以后的时期会变得日益明显的祸患的起因，而不能被看作是别的什么东西。因此，这个弊端如果存在的话，它确是一个被带进这个政府内的真实缺陷，但它不必归因于这个政府本身，因为这只是一个执行过程中的错误，而不是政府本身的错误；因为它可以被加以纠正而不涉及对那个帝国的制度本身做出任何改变。

第五节　人口过剩与财富分配的不平等

中国人口过多有时会迫使穷人做出各种非人道的可怕行为。然而，我们不必把这个灾难归罪于一个良好政府所建立的那个制度；因为一个恶劣的政府，通过搜刮国内财富，或者出于贪欲的野心或在垄断对外贸易欲望的驱使下持续进行非正义的和荒谬的战争、对人类的摧残，向人们展示了一个可怕得多的景象。

无论在良好的还是在恶劣的政府统治下，人口总是超过财富，因为人口繁殖除了生活资料以外，没有什么别的限制，并且总是趋向于甚至更多地增加；无论在哪里都有穷人。

或许最好是这样说，无论在哪里也都有财富，并且是财富分配的不平等导致一些人富裕而另一些人得不到生活必需品；因此，如果国家的财富得到更加平等的分配，则一国的人口将不会超过它的财富。这个说法在受到非正规赋税的劫掠或者在受到由恶劣的政府统治认可而在商业和农业中所实行的垄断的劫掠的国家里，才可能在一定程度上是正确的。因为这些骚扰会造成财富的突然窖藏不得用于分配，由此引起财富流通上的短缺，那只能以人民的苦难作为代价而予以填充。但是，无论在哪里，富人的状况都是建立在不动产所有权的基础上，他们每年由此获得的一大笔收入又在每年花费掉，所以许多居民的贫穷不能归咎于财富分配中的不平等。确实，富人享有充裕的财富，而当他们有效地消费其财富时，实际上享有得更多。但是，富人消费自己的财富，不可能离开其他人的服务，其他人则通过富人的消费而获利，因为对于人们来说，花钱而没有某些人从另一些人那里获得利益的情况，是不可能存在的。这就是导致财富不断流通的原因，而在一个良好统治下的国家里，所有居民都把他们的希望寄托在这种不断的财富流通上面。因此，事实上只是财富的数量给人口的增长规定了一个限度。

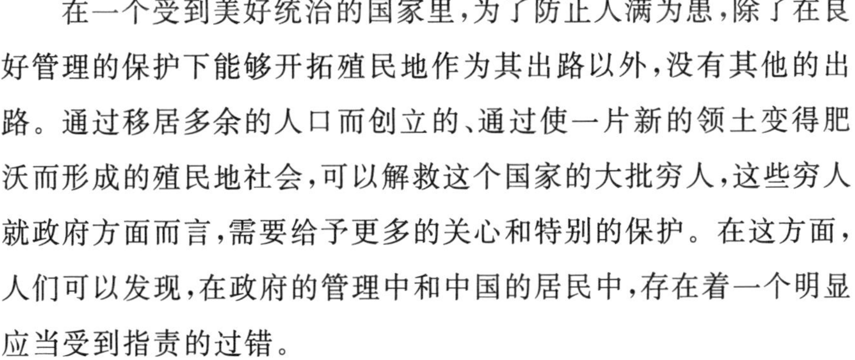

在一个受到美好统治的国家里，为了防止人满为患，除了在良好管理的保护下能够开拓殖民地作为其出路以外，没有其他的出路。通过移居多余的人口而创立的、通过使一片新的领土变得肥沃而形成的殖民地社会，可以解救这个国家的大批穷人，这些穷人就政府方面而言，需要给予更多的关心和特别的保护。在这方面，人们可以发现，在政府的管理中和中国的居民中，存在着一个明显应当受到指责的过错。

在这个帝国的毗邻地区，有许多在以往某个时候曾被欧洲人占领过、现已被抛弃或部分荒芜的大岛屿。这些地方对于中国的过剩人口来说，难道不是一个很好的出路吗？确实，爱国主义或对祖国的热爱，在中国人中间是如此强烈，致使他们不愿离开自己的国家。但是，看来政府也没有引导他们走向那条道路，因为政府容忍弃婴以及容忍许多国民濒临绝境的奴隶般劳动，而不是鼓励在国外建立各种完全有利于全体居民的新的拓居地，以此解除王国内部的人满为患状况。这是未能履行人性与宗教所规定的职责，而这一职责要求为所有人提供各种机会，这是很值得那些承担管理国家职责的人加以注意的。如果履行了这一职责，他们将重新划定他们的版图，并且将促进人类的繁衍。

印加人(Ineas)的法律禁止女子在 20 岁以前、男子在 25 岁以前结婚，为的是使子女能够帮助他们的父母更长一点的时间，用这种办法来增加他们的财富。这个法律既适用秘鲁，也同样适用于中国，因为除了导致印加人制定这一法律的理由以外，它在中国还有防止过剩人口的好处，而过剩人口所引起的不幸后果，似乎贬低了那个帝国的政府。

(连载第三部分完，见《公民日志》1769 年五月号)

第八章　中国的法律同作为繁荣政府的基础的自然原则相比较

到现在为止，我们已经说明了广大的中华帝国的政治制度和道德制度是建立在对于自然法则的认识的基础上，而这种制度也就是认识自然法则的结果。在本书中我们完全遵循那些旅行家和历史家的叙述，他们中的大多数人是亲眼目睹，并且由于他们的聪明才智，特别是他们的意见都相互一致，所以是完全可以相信的。本章中的研究就是以这些不容置疑的事实作为基础而进行总结，它只是对完全可以作为一切国家的范例的中国的理论，作了一个系统的汇编。

第一节　社会的基本法则

社会的基本法则是对人类最有利的自然秩序的法则。这些法则可能是物质的，也可能是道德上的。

作为整个国家管理工作的基础的基本物质法则，其含义被理解为显然是对人类最有利的自然秩序中一切物质现象的正常趋向。作为整个国家管理工作的基础的基本道德法则，其含义被理解为显然是对人类最有利的自然秩序中的一切道德行为的正常趋向。这些法则加在一起，形成所谓自然法则。

这些法则是造物主一成不变地制定的，以便于人们所必需的财富的不断再生产和分配；而人们结合在一起组成社会，服从于这些法则为他们所确定的秩序。

这些无可辩驳的法则，通过将人们的工作和个人利益有规律地结合在一起，形成国家的道德体和政治体，又通过同样这些法则，教导人们以最大的成就来促进公共福利，并保证最有利地在社会各阶层之间分配这些福利。

这些基本法则绝对不是人类创造的，但又是任何人类政权都必须服从的。这些法则构成人类的自然权利，迫使他们接受公平分配的原则，促使他们建立军队来保护国家的安全，防止内部或外部力量的各种恶意侵犯，而防止这种侵犯是保护国家本身所必需的。这些基本法则还促使他们建立国库收入，维持用于保证国家安全、良好秩序和幸福生活所必需的一切费用。

第二节　保护性政权

对政治体的这些自然法则和基本法则的遵守，必须得到国家所建立的保护性政权的支持，建立这种政权的目的，在于运用同自然法相适应的实在法来管理国家，而在自然法的基础上所建立的国家制度，是决定性的和不可变更的。

实在法是最高政权所颁布的具有强制性的规章，其目的在于确立政府管理的方式；保证遵守自然法；维护或改变国内所流行的风俗习惯；根据国民的地位来调整他们的个人权利；在对实行秩序发生怀疑的场合，按照多数人的意见或者礼仪规范做出最后裁决；以及制定有关公平分配的各项决议。

因此，管理工作就在于使实际秩序和自然秩序相适应，这种秩序对于在最高权力统治下组成社会的人们是最有利的。

第三节　人们所设想的统治方式的种类

最高权力不应当授予狂悖的暴君，因为在这种统治下形成的统治体会使统治者一个接一个不断地替换，使国家成为盲目的或肆无忌惮的个人私利的牺牲品，这种个人私利企图使保护性政权蜕变成为发财致富的工具，而其结果是使君主和国民都遭到破产。因此，这样的君主只能是专制的掠夺者。

最高权力不应当是贵族的权力，或者是属于大土地所有者的权力，因为他们联合起来，可能形成凌驾于法律之上的权力，可能会奴役国家，可能由于本身的争权夺利和激烈的内讧而造成经济破坏，秩序混乱，产生不公平的现象和最野蛮的暴虐行为，并且造成最放肆的无政府状态。

最高权力不应当同时是君主的，又是贵族的，因为那样它只会引起权力的冲突，各派权力都力图使别人服从自己，对敌方的同盟者施行报复和施加压力，占有国家的财富用于扩充自己的势力和继续进行野蛮的内战，从而把国家引入灾祸、暴虐和贫困的深渊。

最高权力不应当是民主的，因为在平民百姓中间盛行着愚昧和偏见，他们极易产生放肆的欲望和突发的狂暴行为，因而会使国家面临骚动、叛乱的危险和遭到可怕的灾难。

最高权力不应当同时是君主的、贵族的，又是民主的，因为它会被引入歧途，会被同君主分享权力的不同国民阶层具有排他性质的各自独特利益引入紊乱状态。

政权应当是统一的，它在做出决定和实行管理方面，应当是无私的；因此它应当集中在一个统治者的手里，他一个人拥有执行权，并且有权执行以下的工作：使公民遵守法律；保障每一个公民的权利，使不受其他公民的侵犯；保护弱者，使不受强者的欺凌；防止和消除国内外敌人的各种侵占、掠夺和压迫行为。

由国内各阶层所分享的政权，会变成一种经常发生滥用职权和意见分歧的政权；它既不会有领导者，也不会有共同的一致点，以此来制止各种分裂活动，并促使局部利益服从于整个秩序和服从于公共利益。失去了正常管理政治体所必需的权力的君主，唯一可能采取的做法就是竭力用各种手段来恢复自己的统治，而且为了保证自己的专制权力，会力图使自己所拥有的权力，超过国家本身原有的力量的权利。这种残暴的企图会在社会上引起经常的不安，会使政治体处于紧张状态，从而会不断地把它引入各种灾难性的危机。贵族和大地产所有者阶层对他们的真正利益和保证他们荣华富贵的那些手段并不很了解，所以他们会反对国家向他们的土地征税，并且会认为如果采用那些带有破坏性的征税形式，让国家沦入收税员的贪婪勒索和压迫之中，使国土变得荒无人烟，就能逃避征收土地税。普通百姓，或者是其中占优势的那些由看不起耕作者的手工业者、工厂主和商人组成的第三等级，会使国家脱离正确的道路；会通过用低价购买国内产品和用高价向自己的同胞转售由他们输入的货物的方式，一心去追求专利权和各种独有的特权，从而破坏各国的相互关系和贸易往来；然后会利用他们靠损害国家而获得的巨大财富，努力去使自己的同胞们相信，他们出于自身利益而从事的那种经常引起同邻国的战争的贸易活动，是国家一切财富的来源。因此，在一个混合的统治形式下，国家的所有各个阶层会相互对抗，由于各自利益的分歧而促使国家崩溃。这些不同的利益会割裂和腐蚀保护性政权，使它蜕变为经常发生政治倾轧和滥用职权等对社会极其有害的现象的政权。应当看到，我们这里所谈的并不是纯粹的贸易国家，这些纯粹的贸易国家是由那些消费财富的国家提供支持，而后者所消费的，则是它们通过交换自己的产品所获得的财富；我们这里所谈的，只是一些唯利是图的国家。

政权也不应当仅仅属于职掌公平分配的最高审判机构；它们过分专心于去研究实在法，却往往会忽视形成社会基本秩序并保证国民的幸福生活和国家的强大的自然法。

不重视研究这些基本法则，会有利于采用那些破坏性最大的征税方式以及采用那些最有损于经济秩序和政治秩序的实在法。只限于从字面上解释公平分配法则的审判机构，不会使它们的决定建立在自然法、公法和国际法的基本原则的基础上。如果这些负责论证和保护实在法的庄严机构，会去研究实质上就是社会基本法则和实在法的根源的自然法，以此扩大自己的知识，这将会更有利于国家；但是人们不应当忘记，这些原始的法则只能从自然本身中加以研究。

第四节　社会权利的保证

如果一个政府能够防止这些极其有害的统治形式，那么公共福利一定会构成这个国家最强大的力量。如果将坚定的意志同对于最美好的和最有利于社会的法则的认识普遍而持久地结合在一起，就会形成最完善的统治工作的不可动摇的基础。

涉及整个国家经济秩序的一切实在法，对国家每年财富再生产的自然进程起着作用；这些法律要求立法者和那些执行法律的人具有非常广博的知识并做出非常周密的考虑，其结果必须能明显地表明给君主和国家所带来的利益，特别是给君主带来的利益，因为君主一定要受到自身利益的驱使才会去做好事。幸而君主的利益，只要理解得正确，总是和国家的利益相一致的。因此，最高立法委员会和执行法律的朝廷机构，必须很好地了解实在法对国家每年财富再生产进程的影响，以便按照一项新的法律对这种自然运行过程的影响，来对它进行估价。甚至在国家富于伦理道德的人们中间，亦即在具有思想的那部分国民中间，也必须普遍地了解这些影响。因此政府的第一个实际行动，应该是设立学校来传授这方面的知识。除中国以外，其他所有的国家都没有重视这种作为统治工作基础的设施的必要性。

第五节　自然法则保证君主和人民之间的一致

对自然法则的清晰和普遍的认识,因此就成了这种不同意志之间的和谐一致的基本条件,各种意志由于都承认这些神圣法则的权威是赋予国家首脑的权力的基础,所以能够稳固地保证国家的宪法,因为基本的条件是社会的每一个成员都应当知道自己的职责。在各阶层居民都有足够的文化,能够清楚地知道和确切地指出对统治者和人民最有利的法律制度是什么的政府的统治下,难道会出现暴君吗?他会依靠国家的军事力量,明目张胆地为非作歹,歪曲为人民所公认和尊重的社会的自然法则和基本法则,毫无理由地做出只会引起恐怖和憎恶的暴虐行为,以致促成不可扑灭的、可怕的全民起义吗?

制定法律的权利和对人民征收赋税的权利,有时看起来好像是君主和人民之间无休止地发生争执和怨言的根源,这里所说的似乎是不可避免地必然会使社会的基本秩序发生动摇的原因。事实上,这种现象只是在人们创立各种稀奇古怪的统治形式而引起秩序混乱的情况下,才确实存在,然而人不可能创造和建立自然秩序,正像不能创造他自己一样。社会的原始法则包括在创造世界的一般秩序之中,在一般秩序中,一切都是由上帝预先考虑和安排的。我们不要偏离上帝为我们指示的道路。我们应该尽力避免破坏君主和人民之间巩固团结的各种人为的错误。我们不要在各国历史上,或者在仅仅显示了混乱深渊的人类谬误的历史上去寻找教训。历史学家们只是力求满足自己读者的好奇心，他们太偏于书本上的学识，而不是努力带来一种能够照亮这种黑暗之途的光明。

第六节　社会的基本法则并不是人制定的

经常成为君主和人民之间争执的对象的立法权，最初既不属于君主，也不属于人民；它根源于造物主的最高意志和对人类最有利的一切物质秩序的法则。在物质秩序中有一个稳固的基础，而在社会的秩序中，一切都是混乱的和任意的。从这种混乱中，就产生了为人们所臆想出来的一切狂妄和放肆的政府法令，这些人很少受到神权政治的培养锻炼，他们所制定的政府法令，总是依靠度量衡标准来一成不变地规定出组成社会的人们相互之间的权利和义务。社会的自然法则，同时也就是那个为人们的生活、繁衍和安适所必须的支配财富不断再生产的物质法则。因此，人根本不是这些法则的创造者，这些法则确定自然的运行所遵循的规则，以及人类劳动所遵循的规则，而人类劳动必须与自然的力量相互配合，才能再生产他们所需要的财富。这整个安排都是一种物质的构造，这种构造形成物质的秩序，迫使组成社会的人们服从它的法则，而人们只有依靠自己的智慧和相互协作，同时遵守这些自然法则，才能够获得他们所必需的丰富的财富。

立法权产生于社会原始的根本法则，因此它不会引起争论，这个权力不可能属于任何人，只能属于全能的上帝，上帝在世界的一

般秩序中建立了一切，并且预见到一切。人类在这里只会制造混乱，只有切实地遵守自然法则，才能把他们希望避免的这种混乱现象消除掉。

当然，最高权力能够而且应当制定法律来制止明显的混乱现象，但是它不应侵害社会的自然秩序。园丁应当除去对树木有害的青苔，但必须当心不要把树皮也铲去，因为树木是依靠树皮来保护它生长所必需的水分的。假如为了向园丁规定这种义务而需要颁布一项实在法的话，那这项为大自然本身所决定的法律，不应当在自然所规定的义务之外再规定任何东西。树木的构造本身就是受不可动摇的基本法则所调节的自然秩序本身，这些法则绝对不能受到次要法则的干扰。与这两种法制相适合的各个领域，可以凭借理性之光清晰地加以区分，因为这两个方面的法则是按照完全不同的规定和完全不同的方式而建立和颁布的。一种法则是从书本上进行研究，透彻地论述那种对组成社会的人们最有利的制度。另一种法则只是用严格规定的命令形式表现出这种研究的结果。自然法内含着规则，以及规则的显而易见的优点。实在法只是显示规则；这些规则可能是变化的和暂时的，它们依靠强制性权力机构所规定的惩罚，迫使人们严格加以遵守。而自然法是不变的、永久的，是自由遵守的，没有任何的强制性，只依靠自利动机的作用，向人们指出遵守这些法则可能获得的好处。自然法则保证人们能够得到报酬，而实在法则以惩罚为其前提。

实在的或明文的法制，并没有规定出作为其法律基础的动机和原理；可见这些原理是在实在法以前就存在的，在其本质上是高于人类法律的；那么很显然，这些原理实际上是有秩序的国家统治

方式的不可动摇的原始法则。因此，公正的实在法并不是什么别的东西，只不过是从这些尽可能保证其普遍执行的原始法则中直接推导出来的结论，或者是对其作简单的说明。社会的基本法则，直接体现为绝对的公正和绝对的不公正、伦理上善与恶的最高和基本范畴；这种社会基本法则存在于人们的心中，是引导他们和支配他们良心的光。这种光只有受到他们毫无节制的欲望的影响，才会减弱或熄灭。实在法的主要目的就在于防止这种堕落，它用使堕落者害怕的制裁办法来对付这种堕落。因为一般说来，什么是国家幸福生活的必要条件呢？这就是使耕种土地尽可能得到更大的成效和使社会上没有窃贼和犯罪者。实现第一个必要条件是由每一个人的切身利益所规定的；而第二个必要条件的实现，则由政府负责执行。善良的人们只需要教育，向他们阐述只有通过运用理性才能够准确而清楚地加以理解的那些发人深省的真理。实在法只能够在极不完善的程度上提供这种智力方面的知识；它们对抑制或压制犯罪者和欲望的膨胀来说是必要的。然而实在的立法不应当侵入物质法则的范围，遵守物质法则应当具有敏锐的目光、广博的知识以及深刻和全面的理解力，而这些素质的获得，只有依靠研究上帝的普遍和卓越的立法。难道人们竟敢如此断然地使医学的理论和实践服从于这种实在法吗？难道可以想象得出，能够使作为社会的自然和普遍秩序的根据的根本立法，服从于这种法律吗？不，不可能。这种最高的立法对于统治者和被统治者而言，只是要求他们研究由造物主一成不变地规定下来并且永久存在的那些社会的基本物质法则。这种研究构成知识的主体，它虽然不以法律的形式颁布出来，但仍然是有效的，因为它揭示着一些不可动摇的法则，政治家和社会中的每个人都可以从这些法则中汲取创造完美的统治形式所必需的知识；因为像我们以后将会看到的那样，在这些同样的法则中可以找到实在法与合理分配的最初的原则和不变的源泉。因此，上帝的立法必须消除一切有关立法本身的分歧意见，并且必须使行政权力和国家服从于这种最高的立法，因为这种立法是通过教育和对自然的研究而获得的理性之光向人们显示出来的，这种立法除了让理性本身自由发挥作用以外，不容许有其他的支配作用。

只有依靠理性的这种自由运用，人们才能够发展经济科学，而经济科学是奠定国家统治基础的一门伟大科学。对于某个农场的土地耕作的经营管理，就是广泛的国家统治工作的一个模型，在农场的经营管理方面，租地农场主除了通过教育和经验获得知识以外，并不去考虑适应任何别的法则。实在法如果任意规定土地耕作的管理方式，就会打乱耕作者的经营管理工作，从而会妨碍农业获得丰收。耕作者服从于自然秩序，因此只应遵守物质法则以及物质法则为他们所规定的那些条件，而不应被迫遵守任何别的法则。而且，行政当局在整个社会统治中也应当受这些物质法则和这些条件的指导。

第七节　征税权建立在巩固的基础上

赋税成为纷争和起义的根源，是由于无知、担忧和贪婪而引起的。实质上，赋税是由一些不变的法律和规章所决定的，君主和国民如果脱离这些法律和规章，只会对自己造成不利。我们在下面将会看到，这些法律和规章可以用严密的精确性表现出来，因而排除了一切的不公平、武断专横和营私舞弊行为。摒弃无知，承认基本的秩序，这样你们就会崇尚上帝的先见之明，它给了你们一个火炬，使你们能够在这个布满着容易使人误入通向邪恶的歧途的迷宫中，毫无危险地前进。人生来就具有智慧去获得必需的知识，以便去认识上帝为他们指示的道路，这种道路通向最完善的帝国统治。因此，知识是建立符合规则的社会秩序的必要条件，这种秩序能保证国家的繁荣，并规定一切人类政权都必须遵守由大自然的造物主所创立的法则，以便使所有的人都服从理性，约束他们履行自己的义务，保证他们享受造物主用来满足他们需要的那些财富。

第八节　自然法

自然法则确立对人类最有利的自然秩序，确切地规定适合于一切人的自然法，这是永恒存在的、不可改变的，显而易见是最好的法则。这些法则被详细地用几何学和数学上所显示出来的精确性加以证明，不容许存在任何的误差、欺骗和违法要求，因此使得一切智慧之士和所有人类理性都无条件地服从于它们。

第九节　对完善政府的基本法则的证明将足以保障自然法则

只有运用这种证明，才能够不容违抗地反对行政管理中的不法行为，反对国内各阶层之间不正当的侵犯和僭越，反对制定同社会的基本秩序相违背的实在法。因此，认识这些基本法则，并且广泛传播这些法则不容置疑的明证，是对政治体的最有力的保证。因为一个懂得全能上帝的意志和它的不可抗拒的法则的国家，一个以良心之光作为指导的国家，不可能会同意去亵渎上帝的法则；这些法则是一切人类政权都必须服从的，而且这些法则一经为人们所广为了解，其本身就是真正非常强大和有力的，可见，这些法则以其业已证明的优越性，构成国家的支柱。君主不能忽视这一点：他的权力的确立，是为了认识和遵守这些法则，这是为了他本身的利益也是为了人民的利益。他们自觉地遵守这些法则，便形成社会的不可分割的联系。在这些法则不为任何人所知道的时候，它们是没有力量的，没有用处的。正像我们所居住的土地，在没有耕种的时候，不会给我们提供任何好处；同样，愚昧的民族只能形成一些临时性的、野蛮的、具有破坏性的政府。因此，研究自然法则的必要性，其本身就是社会自然秩序中的一个基本法则。确实，这个基本法则在一个美好政府的各种基本法则中居于首要地位，因为没有这种自然秩序的研究，将会只有一片由野兽聚居的未经开垦的土地。

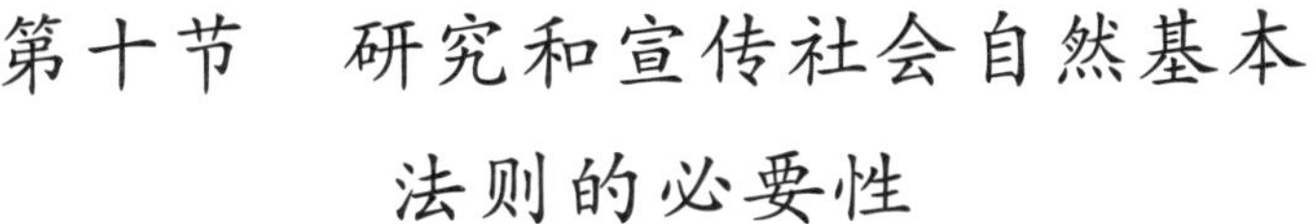

第十节　研究和宣传社会自然基本法则的必要性

人们只有依靠使他们区别于禽兽的理性之光，才能够掌握自然法则。因此，一个繁荣和持久的政府应当按照中华帝国的榜样，把深刻研究和长期普遍地宣传在很大程度上构成了社会框架的自然法则，当作自己的统治工作的主要目的。

第十一节　各种不同的社会形式

由于维持其生活所必需的条件具有不同的形式，例如狩猎、捕鱼、畜牧、农业、商业和掠夺等，人们结合成各种不同的社会形式。野蛮部族，以捕鱼为业的部族，以畜牧为业的部族，农业民族，商业民族，流浪的、野蛮的、居住在帐篷里并且从事抢劫的部族，就是受到这些条件的决定性影响而形成的。

第十二节　农业社会

除了与其他民族为敌的掠夺性民族以外，所有类型的民族都是以农业为共同的特征。如果没有农业，各种社会团体只能组成不完善的民族。只有从事农业的民族，才能够在一个综合的和稳定的政府统治之下，建立起稳固和持久的国家，直接服从于自然法则的不变秩序。因此，正是农业本身构成了这些国家的基础，并且规定和确立了它们的统治形式，因为农业是用来满足人民需要的财富的来源，又因为农业的发展或衰落必然取决于统治的形式。

第十三节　农业社会在其原始简单状态中的统治

为了清楚地揭示这个基本的真理，让我们来考虑一下最简单形式中的农业状况。我们假定一群拓居者处在一片荒地上，在这种情况下，他们最初只能依靠当地野生的东西来维持生活，但是这些东西不可能长久地满足在这片未开垦土地上的新拓居者的需要。那么，土地的肥力将是大自然保证通过辛勤劳动来获得财富的来源。

第十四节　财富的公有及其自然和和平的分配，人身自由，对每日获得的生产资料的所有权

在原始状态中，除了人们在寻找生活必需品时所确立的分配方式以外，不存在别的财富分配。一切都属于全体，但是这受到以下条件的支配：财富在所有的人们中间自然地分配，必须保证每一个人的人身安全，以便他能够满足自己的需要，并且要保证他能够平安地享用自己找到的物品。人们相互之间的侵害，只会成为寻找生活必需品的障碍，而这种相互争夺，只会引起不仅无益而且危险的冲突。在这种情况下，什么动机可能激起人们之间的冲突呢？一群鸟栖息在它们全体都很容易找到某些好处或某些食物的地方；这些鸟之间不会由于分配食物而发生争夺：每一只鸟的食量，决定于它为满足本身需要而寻食的能力。因此，群居的动物都服从于所定下的这个和平法则，大自然规定，在自然秩序中，每一个个体的权利应以靠本身的劳动所获得的东西为限。由此可见，所有的人对一切东西的权利只是一种幻想。自此以后，人身自由和所有权，或者是每个人能够享有他为满足自身需要而寻找到的东

西的信念，一直是由自然法则对人们加以保证的，各种完善社会的基本秩序的基础，就是建立在这种自然法则上。住在北极的和不得不在原始状态下生活的部族，确切和一贯地遵守着大自然所定下的各种法则，并不需要一个最高权力来督促他们执行他们相互之间的义务。

第十五节　各部族之间的战争

生活在类似状态下的美洲的各个野蛮部族，不那么和平共处，而是经常处于部族与部族之间的战争状态；但是在每一个部族的内部，却是非常和谐和安宁地遵守着秩序。这些部族之间进行的战争，没有别的原因，只是相互之间的担心和憎恨，这种担心和憎恨使他们无所顾忌，甘愿承受流血报复的危险。

第十六节　国家是靠武力保卫的；武力需要有财富；财富的生产由于武力而得到保障

对付国外战争除了重视靠武力保卫以外，没有任何别的预防办法，武装保卫应当始终是名副其实的统治工作的一个主要目的。强大的武装力量需要巨大的支出，巨大的支出必须先有巨量的财富，而财富的保全只有依靠强大的武装力量才能保证。但是除了遵守自然法则以外，这种财富既不可能得到也不值得赞扬，而自然法则在民事和政治统治成立以前就已存在。由此可见，这种立法权既不属于人民，也不属于统治他们的君主。这就是保证农业取得成就的同样那些法则，而只有农业才是满足人民需要的财富的来源，只有农业才能支持保护人民安全所必需的武装力量。

第十七节　农业社会的形成，在那里天然存在着所必需的各种条件

上述处于荒地上的新拓居者，为了生存不得不耕种土地，在这里，他们发现自己要服从大自然为了使他们的劳动有成效和生活有保障而为他们定下的各种法则。这些新拓居者所居住的这片未开垦的土地，没有任何实际的价值，只有通过劳动才能使它具有价值。占有这片土地和获得土地产品，必须靠劳动来保证；如果没有这个自然条件，就不可能有耕作也不可能有财富。因此，必须使人们平分土地，以便每一个人都能在他所有的那份土地上进行耕作、种植、建造，并且在完全没有危险的条件下享受自己劳动的果实。这起初是在全体平等的人们之间平均分配的，他们没有选择的权利，必须在分配中服从无私的抽签办法；抽签的决定公正地向每一个人指出他应得的部分，并保证他终生持有这份土地，保证他根据这同一所有权，拥有必要的自由权，以便他能够不受妨害或不受压制地改良自己的这份土地，自由地交换各种土地产品，而社会也可以从这里获得其他的利益。这些利益除了土地的和平分配以及保证土地及其产品的所有权和人身安全以外，它们是：贸易自由、对劳动的公平报酬、经常关心农业的进步、保存耕作所必需的财富、饲养用于劳作和食用的牲畜、创设制造工具和衣服的工业、建造房

屋和加工产品等，这一切都是从最初的自然法则中产生的结果，而自然法则毋庸置疑地从本质上建立起这些社会的联系。这里所指的是社会的合乎自然的和自发的发展，而不是指那些受到强盗部族的蹂躏和听凭篡位者的野蛮压迫的社会状态；只要统治者尚未服从于自然秩序，他们就是非法的篡位者。所有这些规则，完全不同于任何古代实在法的见识，它们对于每一个人的个人利益和整个社会的共同福利，都是最好的规则。

但是整个这种安排，除了受农业社会的自然和基本秩序的支配以外，还含有另一个基本的和自然的先决条件，即对土地及其产品的所有权的充分保证，土地只有依靠劳动和用于土地耕作的预付，才能提供产品。

第十八节　保证性权力的建立

每一个耕作者在自己的土地上耕种了一整天以后，晚上需要休息和睡觉。因此，在这个期间他不可能自己来关心自己的个人安全，也不可能保护他靠自己的劳动和预付所生产的产品。尤其不应当使他必须在白天停止劳动，以便保护自己的土地和财产不受外部敌人的侵袭。这就使下面这一点变得很有必要：每一个人都应当为建立和维持一支足够强大的武装力量出一份力；这支武装力量在一位指挥官统领之下，负责保证国家的防务使不受外部的侵袭，维持国内的秩序，防止和惩罚坏分子的各种犯罪活动。

第十九节　实在法

由此可见，社会的根本结构和统治的自然形式，是在公平分配的实在法颁布以前就已经确立。除了确立社会基本秩序的自然法则本身以外，这些成文的法律不可能有另外的根据和另外的原则。

因此，详细地规定公民的自然权利的实在法，是由大自然的造物主所规定的基本法则加以确定和调节的，这些实在法之所以应当为一个国家所采用，只是由于它们符合并且严格地服从这些基本法则。因此，实在法绝对不是任意规定的，而且立法者如果超出实在法本身所包含的公平限度去立法，那不管他们是君主还是人民，都不可能用自己的权力来使它们变得公平。政权本身经常会犯错误，因此尽管它同意所颁布的法律，但它总是保留着纠正实在立法的错误和弊端的权利。这种纠正必须是在确切认识的基础上进行，不能破坏公共秩序，而只能恢复公共秩序。否则就会置所有的明证于不顾去争辩说什么既不存在绝对的公平和绝对的不公平，也不存在道德上固有的善和恶。那样的可怕原则会破坏国民和君主两方面的自然权利，并使国家丧失由于遵守秩序而获得的利益。这种秩序的形成是与大自然的造物主所确立的法则相一致的，而破坏这种秩序，立刻会遭到惩罚，使人们生活所必需的财富出现匮乏或减少。因此，公平的原则严格禁止人们有权将实在法任意用于社会秩序之中。

由此可见，实在的立法在本质上是服从于社会的基本法则的。实在的立法不可能属于任何别的人，只属于凌驾于一切不同的特

殊利益之上的统一的权力，这种权力必须控制这些特殊利益。

第二十节　国家收入

在君主拥有专制权力的政府里，最显著的特征之一就是任意向国民征税，这种征税看起来既没有什么规则也没有什么由自然法则所规定的限制。然而，大自然的造物主在这方面也从根本上确定了征税所遵守的秩序。因为很显然，对于满足国家需要的经费来说所必需的赋税，在一个农业国家里，除了向能生产满足人们需要所必需的财富的领域征收以外，不可能有任何别的来源或任何别的起源，而这个来源就是通过劳动和预付使之肥沃的土地本身。因此，国家每年所需要的赋税不可能由别的什么东西构成，它只不过是土地年产品中的一个部分，而土地的所有权则属于通过分配获得土地的那些人；由此可见，赋税的确不可能是别的什么东西，只不过是从属于土地所有者的土地收益中所分得的一个部分——在我看来，这个土地收益就是指扣除用于耕作的劳动费用以及用于准备耕作所必需的其他预付支出而剩余的那部分产品。所有这些支出都从他们收获的产量中得到补偿，而剩余的部分就是纯产品，它构成国家的收入和土地所有者的收入。应当构成国家收入的部分，假如相等于全部土地所有者收入总额的一半，那将是一个非常可观的数目。但是土地所有者本身也应当明确，能够保证他们安全和过安宁生活的那种武装力量，就是依赖于国家的收入才得以存在，而且强大的武力能够使邻国不敢轻举妄动并防止战争。除此以外，既然说国家的收入总是按比例地随着王国内

土地收益的增减而增减，那君主将愿意与土地所有者一道同舟共济，并且愿意通过对国家的良好统治，像土地所有者一样，尽可能地促进农业的繁荣。最后，由于这是所有可能的处理方式中最为有利的一种，所以土地所有者将被免去其余的一切赋税，因为这些赋税负担将会灾难性地落到他们本身的收入从而落到国家的收入上，而且这些赋税会在国家需要的借口下越设越多，税额也会日益增加，使国家和社会遭到毁灭性破坏，同时这些赋税只会创造巨量的货币财产，从而引起足以使人破产的国家公债。

所有主或土地所有者各自管理属于他们自己的农场。如果他们要保持和增加土地的价值，并保证自己能够获得土地所提供的纯产品或收入，这种管理是必不可少的。假如土地不是属于其所有权得到保证的土地所有者，而是归公共所有，那土地就会荒废，因为假如他们对这种劳动所产生的盈利得不到保证，谁也不愿为土地质量的改善和保持而承担费用。这样，如果没有这种支出，就很难从土地上收回耕作者在经常发生变化的情况下，可能是冒险投下的直接用于耕种的成本。于是土地就不会带来可以提供国家所需的赋税的纯产品或收入。在这种情况下，社会和政府都不可能维持下去；因为假如对准备用来使土地适于耕种的预付基金征收赋税，或者从用于支付人们的劳动的经常性工资中征收赋税，那么赋税本身就会起破坏作用。

我说支付人们的劳动，那是因为人们必须劳动以获得他们生活所必需的各种费用。人本身并没有财富而只有需求。

因此，赋税既不能对他们的人身进行征课，也不能从支付他们劳动的工资中征取，因为这种工资是人们为维持其生存所必需的，而且不可能多得足以交纳上述两种税收，除非提高他们的工资，他们才有可能付税，而这样做又对支付他们更多工资的那些人造成损失。这就会在那些支付这种工资的人没有增加收入的情况下，提高劳动的成本。因此，劳动产品不变而工资提高，必然会造成就业或生产以及人口的递减。这就是许多世纪以来一直由中国政府如此杰出地遵循着的学说的基本原则。但是中国人从这个学说中所得出的结论，要说服欧洲人去接受它，却是非常困难的。

例如，按人头征收或对人们的劳动所得征收的个人税，照他们看来，必然是混乱的和不公平的，它除了对公民的能力作偶然的和任意的评价以外，没有别的衡量尺度。因此，它是一种不受限制和极其有害的征课。所有的农村劳动者，所有的手工业者，所有的商人——总之，所有靠工资或报酬谋生的各个阶层，都不会为了公共收入和国家需要而自愿地交纳赋税，因为这种赋税反过来会减少土地的耕种，会加倍地减少得自土地的收入，会破坏税收本身，并且会毁灭整个国家。可见，这就是不能违反的自然法则，一旦违反，必然会遭到这个法则的惩罚，而且会使似乎为满足国家需要所必需的赋税，变得比这些需要本身更难对付。

很明显，这种赋税也不能从用于准备土地耕种的预付基金中征取，因为这种征税立刻会损害耕作和人们生活所必需的一切财富。因而这种征税不是有利于满足国家的需要，而是会引起全面的崩溃，会导致国家和民族的灭亡。

根据中国人的意见，这种赋税同样不能从日用物品或人们日常所必需的商品中征取。因为这将意味着对人们本身征税，对他们的需求和他们的劳动征税，从而把为满足国家需要而征收的这种赋税，变得反而加速国家的破灭，因为它把国家交付给许多从事征收这种会带来不幸后果的赋税的贪婪之徒甚至是敌人，而君主本人只会由于这种税而受到损失，却得不到补偿，这种损失会落在他从土地的纯收益中为自己征取（以实物形式支付的财货）的收入份上。

在其他的一些著作中[①]，人们可以找到各种支持这些中国人观点的论证，以及各种规则；应当遵循这些规则以保证国家具有尽可能最广泛的赋税收入，这些规则完全对国家有利，并且能够避免由于征收其他各种赋税所造成的损失。

土地产品扣除用于耕作的劳动费用和用于为准备耕作所必须的预付总额之后的剩余部分，是一个纯产品，它构成国家的收入和土地所有者的收入。这些土地所有者获得或者购买地产，而他们为购买地产所花的钱，使他们有权从纯产品中获得收入，这种收入与土地的购买价格是成比例的。不过确保他们获得这种收入的甚至更为充分的理由，是这个事实，即像我们上面所提出的那样，所有的纯产品都是他们的所有权和他们的经营管理合于自然的结果。没有这些基本条件，土地是不会产生纯赢利的，而只会产生一些无法确定的产品，并且仅够弥补经严格精打细算才花在土地上的那部分支出；这是因为土地的使用期限不确定，不能保证那些进行土地投资的人得到土地的收益，所以人们不愿为改善和维持土地的质量而投资。

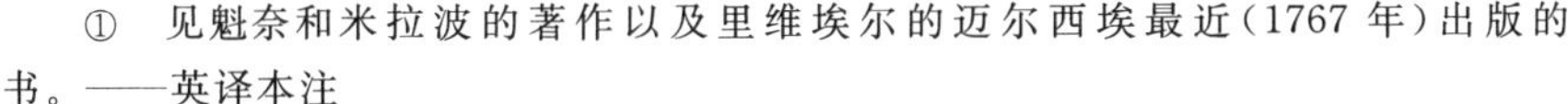

① 见魁奈和米拉波的著作以及里维埃尔的迈尔西埃最近（1767 年）出版的书。——英译本注

君主不可能贪图占有自己国家的全部土地,因为他本人既不可能亲自管理这些土地,也不可能委派其他的人去进行管理。他本人不可能亲自管理,那是由于他不可能去了解多得不计其数的详细情节;不可能委托其他的人去管理,那是由于这种管理工作如此广泛,如此复杂,如此易于产生贪污腐败的弊端,所以不可能信托于其他的人,而且这将为任意伪造支出账目和产量账目大开方便之门。君主很快就将不得不放弃这种所有权,因为这会使他自己和国家陷于破产。因此很明显,土地必须在许多所有者之间进行分配,这些土地所有者通过最有利的管理,致力于在自己的土地上取得尽可能多的收入。这就保证了国家获得这种收入中的一个份额,而且国家所得到的这一部分,同整个收入的数量、收入的增长以及国家的需要,是成比例的。这样,农业的成就愈大,则保证君主和土地所有者所获得的收入,也就愈多。

第二十一节　应当反对独占的私人利益

在良好的统治下,当然不会产生为了特殊利益而侵占和窃取公共利益的垄断制。依靠享有最高权力的国家首脑的权威,这种狡诈的掠夺毫无疑问会被揭露和制止,因为在一个良好的统治下,各种特殊社会团体、特殊等级、特殊职业的力量以及各种似是而非的借口的影响,不可能在制造这种有害的混乱现象方面得势。商人、工场主和手工业行会总是企图发财致富,而且在投机取巧方面相当内行,他们是竞争的大敌,并且经常会巧妙地取得各种独占的特权。一个城市想赚另一个城市的钱,一个省想赚另一个省的钱,宗主国想赚殖民地的钱。在适宜于种植某种产品的领地上，所有者们企图禁止其他的人种植和贩卖同种产品。国家到处都受到这些窃取者的阴谋诡计的侵蚀，他们在出售满足国家需要所必需的粮食和货物时，向国家索取高价。国家的收入是有限度的，而它按照这些贪心的商人规定的价格购买东西，势必会使消费和人口缩减，从而引起农业的衰竭和收入的减少。照这个趋势继续发展下去，便会导致国家财产和力量的消亡；甚至连贸易本身也会由于商人的贪婪而遭到破坏，因为这些商人在耍弄手段时，竟敢用欺骗性的借口，说什么他们在通过增殖自己的财产，来使商业繁荣和国家富裕。这些商人的成就迷惑了不学无术的行政官吏，也迷惑了人民，人民对那些向他们征税并使他们破产的人们的财富感到惊奇。有些人说，这些财富仍然留在国内，通过流通而在国内进行分配，因而带来了国家的繁荣。在这种情况下，关于高利贷者、理财家等的财富也可说同样的话。但是相信垄断制保证商人获得的财富都是靠商人赚取其他国家的钱而获得的盈利构成的，这是幼稚的想法。的确，如果把国家的殖民地看作外国，那殖民地当然不会受到垄断者的顾惜。然而一个国家内掌握在商人手中的垄断制，不会扩展到别的国家，因为如果这种垄断扩展到别的国家，那它会促使外国商人采取反对这种垄断的报复手段，从而引起荒谬的和破坏性的战争，同时垄断制的蔓延也会扩大和加重这种弊端。所以，关于贸易的合于自然的政策，就在于建立自由的和广泛的竞争，这种竞争可以保证每一个国家都有尽可能多的购买者和出售者，从而保证它在买卖交易时达到最有利的价格。

第二十二节　司法费用的减少

在一个谋取财富的不正当例证侵蚀着各阶层人民的国家里，司法管理方面所花掉的过多费用是如此令人生畏，而在一个良好的政府统治下，它能保证官吏们得到与他们所处职位的显贵和庄严相应的荣誉与尊敬，这就使过多的司法管理费用变得更加有条理。在良好的统治下，自然法则占据支配地位并且得到遵守，这就能在开明之士的心目中，普遍激起对忠孝之道的信奉。他们深受上帝为人类幸福而安排的这些美好法则的影响，被赋予使其举止合于理性所必需的智慧。

在社会的自然秩序中，组成社会的所有的人都应当是有用的，都应当根据自己的本领和能力来促进社会福利。富裕的土地所有者，是由上帝安排让他们无报酬地担任那些最受尊敬的社会公职，国家应当非常信赖地将它的利益和它的安全托付给这些社会公职。这些重要而神圣的职务，不应当给予那些出于获取报酬的动机的唯利是图之人。大土地所有者享有的收入，不应当用于过着可耻的游手好闲的生活。这种可鄙的生活有损于他们依靠巨大财产和由此带来的显赫地位、尊贵身份和社会声望而使他们能够获得的荣誉，以及他们通过服军役或者通过担任受人尊敬的司法官职务而使他们能够获得的荣誉。这些神圣的、最高的和宗教的职务，使人们产生更大的尊敬和信任，因为人们除了教化和良心以外，不承认有任何别的指导和任何别的支配。因而上帝创造了一批人，使他们超脱于追逐财利的行业之上，他们在自然秩序中凭借良好统治的支持，愿意无私地效力于自己的国家，并担任显职高位来履行这些高贵而重要的职能。他们将警惕那些受到指控的人肆无忌惮的营私舞弊行为并坚决予以制止，这些人为了私人集团的权益而进行争论和辩解，他们会在诉讼过程中和用许多烦琐的手续、令人眩惑的程序以及晦涩和矛盾的法律，来拖延诉讼时间并使之复杂化，这些手续、程序和法律汇集在一部法学的典章中，而它们在简单明确的自然法则支配下，却根本不起作用。

第二十三节　国际法

每一个国家，就像国家中的每一个成员一样，拥有自己的某块土地，这块土地由社会赋予它以一定的价值。它对于国家来说，或者是夺取的，或者是根据继承权得到的，或者是通过各国之间签订的协定取得的；这些国家有权划定它们相互之间的领土边界，不论这种划分是由各国采用的实在法来决定，还是由它们所达成的和约来决定。这就是自然的所有权以及经这种所有权准予而建立的各国间的财产权利。但是，由于各个国家单独地形成个别的和不同的政权，相互之间势均力敌，除非采用武力，它们不会服从共同的秩序，由于这个缘故，每一个国家只要它的国库能够维持，都必须配备一支拥有足够力量和统一的军队，以此相互支持以保障结盟国家的安全。

在每一个国家里，必须只有一支服从统一指挥的武装力量；因为如果武装力量分散隶属于不同的指挥系统，那就不可能与统一的国家和统一的民族相互协调。它不可避免地会把这个民族分成几个不同的国家或相互隔绝并经常敌对的公国;它将仅仅是一支结成联盟的武装力量,其本身总是具有分裂的倾向,就如同封建的民族本身从未形成真正的国家,仅仅是靠最高领主和其他领主的联合来维持,而其他领主像最高领主一样,都享有王室的权利。这就是征税、宣战、铸币、审判的权利,以及对其国民的直接控制权,由此推衍出各种权利,保证所有的领主都能同样地拥有和行使最高的权力。

这些联合政权由领主们中的一个首脑统一起来,所有的领主都拥有同这个首脑同样的权力,每个领主在他自己的公国内,又与其臣属的诸侯结成联盟,这样形成的联盟更像是各个阴谋集团的组合,而不会形成统一在同一个政府之下的真正的社会。一个联邦帝国这种不稳定的结构,或者是由于大土地所有者的篡夺而造成的,或者是由于掠夺性民族所侵占的领土的瓜分而造成的;因此它并不是依靠构成一个完善统治的基本秩序的那些法则所形成的社会的自然衰替。这种完善统治下的武装力量和权力,是不可分割地隶属于一个真正王国的保护性政权。相反,联邦帝国是一种违背和反对自然的统治形式,它使人们处在野蛮的和专制的束缚之中,使这种统治处于纷争以及灾难性的和凶残的内战之中。

国家的武装力量应当建立在国家的收入之上,这种收入要充分满足国家在和平时期和战争时期的需要。这个武装力量绝不应当由各公国君主供给军需,并实行封建的统率方式,因为那会有助于暴民的聚集以及国家内部贵族之间的战争,这样就会破坏社会的统一,使国家瓦解,并且使人民遭受生活不安定和封建压迫的痛苦。除此以外,这种封建式武装力量将不足以保卫国家以抵抗外国政权，而只能在很短的时期和很有限的范围内进行战争，因为它不可能在运输条件很困难的情况下，保证军需物资的长时期供应。尤其是在重炮对战争的进展已经起主导作用的今天，这种封建方式就更加不切实际了。因此，只有依靠国家的收入，一个国家才可以保证自己不管是在战争时期还是在和平时期，都能够不懈地抵御其他各种政权的侵袭，从而避免战争的发生；确实，在一个良好政府的统治下，战争应当是极少发生的，因为一个良好统治能够消除由于贸易而引起战争的一切荒谬的借口以及其他一切没有根据的或不讲道理的要求，这些要求掩饰了对于国际法的破坏，从而不仅使提出这些要求的人本身遭到破产，而且还使别的一些人遭到破产。因为为了从事这些非正义的侵略战争，就得做出非同寻常的努力，募集人数如此众多和费用如此高昂的军队，而建立这些军队不会得出别的结果，只会落得个不光彩的民穷财尽，其结局既使交战国家的英雄气概大伤元气，也使他们好大喜功的征伐计划无从实现。

第二十四节　国家基金的核算

对于国家基金的支出核算，是政府统治中一项异常复杂的事务并且很容易产生混乱。由于每一个个人都很难把自己的支出账目搞清楚，因此我觉得，如果我们没有那些解决这个问题的伟大政治家的范例，要把混乱的政府支出搞清楚，简直是不可能的；在那些伟大的政治家所领导的管理部门，使这种核算具有一定的形式和严格的规章，有了这些形式和规章，就能防止国家基金的浪费，制止大多数会计审计官员的贪心窃取和狡猾欺骗。但是这些形式和规章只是一种适应情况需要的巧妙的技术，不能把它们提高到可以对国家起指导作用的科学的地位。毫无疑问，富于德行的苏利曾经信任官员们的智慧和诚意，把这个重要的政府管理部门交由他们掌管，那样他可以集中精力更仔细地处理由于贵族的贪欲而造成的那些混乱状况，这些贵族依靠其职位和声望，攫取了大部分国家收入。他们为了更有把握地窃取所有这些国家收入，便怂恿对租地农场主征收重税，并纵容参与管理国家基金的那些人的投机牟利行为。这位可敬的大臣的谨严精神，引起了其他大臣和宠臣的憎恨，他们对国家收入管理中所建立的严格制度感到不安；其实，只要他们不是过于贪婪，不是过于盲目地追求自己的利益，那这种制度对他们来说应该是一个很好的征兆。这些大土地所有者由于前朝统治所造成的混乱而变得贫穷，于是不得不采用这种羞辱的、可鄙的权宜之计，其实他们应当明白，这种极其必要的改革必然会重新创造国家的繁荣，促使他们的土地恢复收入，这样就能使他们不致遭受羞辱，而是重享与他们的巨大地产和社会地位相适应的显贵尊严。可是，他们还远未理解到这一点。人们应当由此得出以下推断，无知一直是最严重的统治失误、人民破产和国家衰亡的主要原因。鉴于此，中国一直受到学者内阁如此牢靠的保护，这些学者在国内处于第一阶层，他们关心通过理性之光来引导人民，就像关心使政府明确地服从于那些自然的和颠扑不破的法则一样，而这些法则确立了社会的基本秩序。

在这个疆域辽阔的帝国内，长官的一切错误和一切营私舞弊的现象，经常在政府的通报中公布出来，以便确保这个巨大帝国的所有省份都能遵守法律，反对滥用职权，并且确保通过自由的检举来明察秋毫，而自由检举是建立一个可靠而稳固的统治的基本条件之一。有一种非常普遍的看法，认为国家只能有暂时的统治形式，尘世间的一切都是在不断变化的，国家有它的创始、发展、衰落和灭亡。这种观点是如此普遍地流行，以致把统治中的一切混乱现象都归咎于自然的秩序。

难道这种荒谬的宿命论能为理性之光所接受吗？恰恰相反，确立自然秩序的那些法则是永恒的和颠扑不破的法则，统治中的混乱现象只是由于这些起支配作用的法则遭到破坏的结果，这不是很清楚的吗？中华帝国不是由于遵守自然法则而得以年代绵长、疆土辽阔、繁荣不息吗？那些靠人的意志来统治并且靠武装力量来迫使人们服从于社会管辖的民族，难道不会被人口稠密的中华民族完全有根据地看作野蛮民族吗？这个服从自然秩序的广袤帝国，证明造成暂时的统治经常变化的原因，没有别的根据或规则，只是由于人们本身的反复无常，中华帝国不就是一个稳定、持久和不变的政府的范例吗？然而难道不能说，在中国政府的统治下所以能保持这种幸运的和经久的一致，只是由于这个帝国比其他国家较少遭到邻国的侵袭吗？它不是也曾被占领过吗？它的辽阔的疆土不是也曾遭到过分裂和形成许多王国吗？由此可见，它的统治所以能够长久维持，绝不应当归因于特殊的环境条件，而应当归因于其内在的稳固秩序。

人名译名对照表

三　画

马布利　Mably
马内托　Manetho

马蒂尼　Martini
马里尼　Marigny
马龙泰尔　Maromtel
马加拉昂　Magalhaens
马勒伯朗士　Malebranche
马提尼克　Martinique
于埃　Huet
于内尔，达努瓦　Hubner，Danois

四　画

贝尔，约翰　Bell，John
贝叶，M.　Bayer，M.
贝尔丹　Bertin
巴泰勒米　Barthelémy
孔狄拉克　Condillac

五　画

兰格，劳伦　Lange，Laurent
兰尚当，让·于伊热·范　Linschoten，Jan Huygen van
卡莱里，吉奥·弗朗斯哥·热梅　Carerri，Gio Francesco　Gemelli
卡莱里，热梅　Carerri，Gemelli
布丰　Buffon
布阿吉尔贝尔，皮埃尔　Boisguilbert，Pierre
皮诺　Pinot
古尔内　Gournay
弗雷莱　Fréret
卢梭　Rousseau
希罗多德　Herodotus

六　画

吉尼　Guignes
吉尔斯，艾尔贝　Giles，Herbert
托洛　Thoreau
托马斯　Thomas
亚伯拉罕　Abraham
亚历山大　Alexander
伏尔泰　Voltaire
米拉波　Mirabeau
达尔让松　d'Argensun

七　画

八　画

九　画

十　画

十一画

十二画

十三画以上

图书在版编目(CIP)数据

中华帝国的专制制度/(法)弗朗斯瓦·魁奈著;谈敏译.—北京:商务印书馆,2024
(汉译世界学术名著丛书:120年纪念版:珍藏本:增订本)
ISBN 978-7-100-23869-4

Ⅰ.①中… Ⅱ.①弗…②谈… Ⅲ.①封建制度—研究—中国—古代 Ⅳ.①D691

中国国家版本馆 CIP 数据核字(2024)第 082140 号

汉译世界学术名著丛书
(120 年纪念版·珍藏本·增订本)
中华帝国的专制制度
〔法〕弗朗斯瓦·魁奈 著
谈敏 译

商 务 印 书 馆 出 版
(北京王府井大街 36 号 邮政编码 100710)
商 务 印 书 馆 发 行
北京新华印刷有限公司印刷
ISBN 978-7-100-23869-4

2024 年 5 月第 1 版　　开本 710×1000 1/16
2024 年 5 月北京第 1 次印刷　　印张 11¾
定价:66.00 元